우리의 월급은 정의로운가

우리의 월급은 정의로운가

지은이 : 홍사훈

1판 1쇄 발행일 : 2017. 7. 1
1판 4쇄 발행일 : 2018. 4. 25

펴낸이 : 원형준
펴낸곳 : 루비박스
기획 · 편집 : 허문선 · 신동화
마케팅 : 홍수아
등 록 : 2002. 3. 28. (22-2136)
주 소 : (04768) 서울시 성동구 서울숲 2길 11-7
전 화 : 02-6677-9593(마케팅) 02-6447-9593(편집)
팩 스 : 02-6677-9594
이메일 : rubybox@rubybox.co.kr
블로그 : www.rubybox.kr 또는 '루비박스'
페이스북 : www.facebook.com/rubyboxbook
인스타그램 : rubyboxbooks

우리의 월급은
정의로운가

홍사훈 지음

셋. 최저임금 – 치킨 집 사장님은 죄가 없어요

임금은 일한 대가이며 말 그대로 생활비다. 그래서 자본주의 사회에서 임금은 가장 핵심적인 '정의의 문제'다. 이 책은 임금에 대한 우리 사회의 본질적 정의를 따져 묻는 돌직구다. 그 용기에 찬사를 보낸다.
이인영(더불어민주당 의원)

우리나라 최저임금과 10대 기업 임원의 연봉 차이는 무려 86배다. 단순히 임금을 노동력 제공의 대가로 보기엔 너무 과도한 차이다. 이 책은 우리의 임금격차는 당연한 것인지 등에 대해 문제를 제기하고 있다. 먹고사는 것에 허덕이느라 자신들의 문제를 얘기조차 하지 못하는 노동자들을 대변해준 지은이에게 한국노총 위원장으로서 감사의 말을 전한다.
김주영(한국노총 위원장)

KBS의 대표 시사 프로그램 〈시사기획 창〉을 제작하면서 현장의 경험을 토대로 정리한 책이다. 언론 환경의 제약 속에서도 우리 사회에 대한 문제의식을 잘 녹여낸 글들이다. 교육 문제도 결국 노동 시장 구조와 연관돼 있다는 홍 기자의 통찰이 보여주듯, 이 책은 문재인 정부의 국가 정책 차원에서도 소중한 자료로 삼을 만하다.
김만흠(한국정치아카데미 원장, 정치평론가)

현장을 발로 뛰는 생생함, 쉽고 상세한 설명, 절로 고개가 끄덕여지는 해법까지. 홍사훈 기자의 시사다큐는 같은 방송기자로서 질투 날 만큼 고품격이다. 이 책은 우리 경제의 화두인 일자리 문제를, 그의 다큐만큼이나 편안한 문체로 이야기하듯 풀어준다. 문재인 대통령에게 꼭 권하고 싶은 책이다.
박성제(MBC 해직기자)

들어가는 말

기억하시나요? 이명박 정부 당시 4대강 사업을 시작하면서 내세웠던 논리 가운데 하나가 일자리 창출이었잖아요. 4대강 사업으로 34만개의 새로운 일자리가 만들어질 것이다. 그래서 저임금에 시달리는 노동자들에게 새 희망을 주겠다고…. 그래서 '녹색 뉴딜'이라는 제법 그럴듯한 용어까지 갖다 붙이고 했잖아요. 4대강 사업이 후반으로 접어들었던 2011년, 낙동강 정비 사업에 투입된 노동자들을 다룬 TV 다큐멘터리를 제작하면서 그게 다 '구라'였다는 걸 깨달았습니다.

이 책의 처음 시작이 그때였습니다. 제가 팔자에 없던 노동, 임금, 일자리 문제를 TV 다큐멘터리에서 집중적으로 다루게 된 것도 그때부터였고요.

'재주는 곰이 부리고 돈은 왕서방이 가져간다'는 말 있잖아요? 4대강 사업으로 대형 건설사들에게 공사비 명목으로 준 돈이 8조 6천억원이었습니다. 8천 6백억이 아니라 8조 6천억원이요. 단군 이래 가장 많은 돈이 들어간 국책사업이었다는데 그럼 여기서 일한 노동자들도 좀 생활이 폈어야 할 거 아니에요? 실상은 어떤가요?

임금, 특히 저임금 일자리 구조가 어떻게 왜곡돼 있고, 임금은 어떻게 착취되는지, 현장에서 직접 그 왜곡된 구조를 들여다봤습니다. 그리고 노동의 문제가 결국 한국사회 거의 모든 부모들 가슴을 멍들게 하고 있는 교육 문제와도 직접적으로 연관돼 있다고 결론지었습니다. 또한 동전의 양면과도 같은 외국인 노동자 문제도 들여다봤습니다. 중소기업이 왜 청년 일자리의 무덤이 됐는지, 그리고 우리 사회 임금의 불평등을 해소시킬 수 있는, 그야말로 무릎을 탁 치게 만드는(최소한 제 상식에는) 해법도 제시합니다.

KBS 1TV의 시사다큐 프로그램 〈시사기획 창〉을 제작하면서 우리 사회 노동과 임금 구조가 어떻게 왜곡돼 있는지, 철저하게 비경제학자의 시선에서 느끼고 취재한 사실들, 그리고 인터뷰들을 담았습니다. 특히 우리의 제도와 미국과 유럽의 제도를 비교해 무엇이 이런 차이를 가져왔는지 담았습니다. 에이~ 선진국과 역사적·문화적 차이가 있는데 그게 일대일로 비교가 되겠어? 그거 아니더라고요. 역사적·문화적 차이가 아니라 국가의 의지가 있느냐, 없느냐의 차이였습니다. 이 책이 시종일관 주장하는 것이 국가의 역할입니다. 정책과 제도를 만드는 그 나라 정부가 누구의 입장에서 그 정책과 제도를 만드느냐에 따라 그 나라가 포용적이냐, 착취적이냐, 그리고 선진국이냐, 후진국이냐로 갈라졌습니다. 우리가 역사적·문화적 차이 때문에 못하는 게 아니라 안 하는 거였습니다. 왜 안 하냐고요? 본문을 들여다보시면서 많이 '열 받으시기' 바랍니다.

이 책을 읽은 여러분이 우리 사회 소득의, 임금의 불평등에 대해 많이 분노하셨으면 합니다. 국가가 눈감고 하지 않은 일에 대해 왜 분노해야 하는지 느끼셨으면 합니다. 저도 그랬으니까요.

2017년 봄
홍사훈

적정임금- 우리는 못하는? 안 하는?

구의역 김 군의 진짜 월급은 얼마였을까?

2016년 5월 26일, 서울 구의역에서 스크린도어를 수리하다 참변을 당한 김 군의 월급 얘기부터 먼저 해볼까해요. 김 군은 열아홉 번째 생일 하루 전 전동열차에 치어 목숨을 잃는 참변을 당했습니다. 당시 김 군의 소지품에서 나온 컵라면, 기억나시나요?

이 사진 한 장이 정말 많은 사람들 가슴을 아프게 했죠. 저도 이 사진을 본 후로 한동안 컵라면을 못 먹겠더라고요. 김 군은 지하철 스크린도어 수리기사였어요. '서울메트로'에서 스크린도어 관리 업무를 '은성PSD'란 외주 용역업체에 맡겼는데 김 군은 이 용역업체에서 일했던 거죠. 김 군이 마지막으로 받은 5월 급여명세서를 한

사고 당시 김 군 소지품

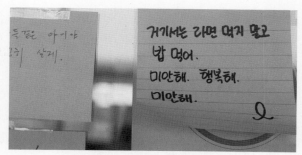

구의역 스크린도어에 붙은 김 군 추모 포스트잇

| 회 사 명 | | | 성 명 | 홍길동 | | 사원번호 | |
| 부서(팀)명 | 강북지사 (강반) | | 직 위 | | | 입사일 | 20151019 |

근태내역	급여조건		기본급 1,300,000		출근일수 0		지.조.외		근무시간
	기본급 1,300,000	직책수당 50,000		기본급			수당 84,100	휴일근무수당 6,900	연차수당 89,000
지급내역	식대 90,000	자량지원비 0		1,300,000			0 (2013년)	기타3 0	교통비 0
	상여적립금지급 0	제수당 0				0	월인상분(2014년) 0	특별관리금 0
	특별관리금2 0	인상분 0	월인상분(2015년) 0		소급인상분 0		월인상분(2016년) 0	상여 0
								지급합계액 1,600,000
	소득세 9,120	지방소득세 910	건강보험 48,960		국민연금 72,000		고용보험 9,810	기타공제1 0
	기타공제2 0	조합비 0	기타공제3 0		연말정산소득세 0		연말정산주민세 0	려리금정산 0

김 군의 월급 명세서

번 볼게요.

　세금 등을 공제하고 휴일수당, 연장근무 수당 등등 이것저것 해서 실지급액이 144만 6천원. 그런데 기본급이 130만원입니다. 당시 최저임금이 시급으로 따지면 6030원, 월급으로는 126만 270원이니까 최저임금에서 딱 4만원가량 더 받았던 거예요. 그렇다고 회사에서 밥 사주는 것도 아니고, 컵라면으로 끼니를 때울 수밖에 없었을 겁니다. 최저임금 받는 사람이 김 군뿐만은 아니니 사실 뭐 그리 특별한 일은 아닐지도 모르겠어요. 그런데 말이죠, 제가 폭발한 부분은 김 군이 원래 받기로 되어 있는 월급이 실제로는 이보다 100만원 이상 더 많았다는 걸 안 이후였습니다.

'공공기관 용역 근로자 보호지침'이란 것이 있습니다. 2012년 기획재정부와 고용노동부, 행정자치부 이렇게 세 부처가 합동으로 만든 제도인데 말 그대로 공공기관 일을 하는 열악한 용역 근로자들을 보호해주는 지침이죠. 1997년 IMF 외환위기 이후 일반기업들은 물론 공공기관들까지 경비절감이란 명분으로 많은 일을 외주화했잖아요. 그런데 주로 외주화한 게 청소나 경비, 차량 운전 같은 단순 반복 작업. 그리고 김 군이 하던 스크린 도어 정비 같은 좀 위험하고 폼 안 나는 일들입니다.

외주 용역업체 소속 신분으로 바뀌면 본사 직원일 때와는 처우가 하늘과 땅 차이죠. 임금은 최저임금 수준으로 떨어졌습니다. 패스트푸드점 아르바이트와는 달리 생계가 달린 사람들이 대부분이었던 만큼 당연히 불만이 자자했습니다. 그래서 정부가 나선 거죠. 공공기관과 외주 계약을 체결한 용역업체 근로자들에게는 최저임금이 아니라 '시중노임단가'로 임금을 설계해 지급해라. 민간기업들이야 정부가 이래라저래라 할 수 없겠지만 국민의 세금이 들어가는 공공기관은 정부가 가이드라인을 제시할 수 있을 거 아니에요.

240만원
시중노임단가

130만원
최저임금

서울메트로 → 용역업체 → 김 군

김 군 월급 흐름

시중노임단가는 중소기업중앙회에서 조사해 매년 발표하는데, 일단 최저임금보다 20~40퍼센트가량 높습니다. 김 군과 같은 기계정비공의 시중노임단가는 월 240만원 정도 됩니다. 서울메트로는 공기업입니다. 당연히 정부의 '공공기관 용역근로자 보호지침'을 따라야 합니다. 잉? 김 군은 그럼 뭐야. 정부 지침대로라면 240만원 받아야 하는데 왜 130만원 받았지? 김 군이 실제 받았어야 할 월급에 대한 얘기는 사고 석 달 만에 열린 진상조사 결과 보고회에서 뜻밖에 튀어나왔습니다. 당시 보고회에서 서울메트로 관리팀장은 '왜 김 군이 최저임금밖에 못 받았는지 모르겠다, 서울메트로에서는 정부지침에 따라 김 군과 같은 기계정비공 87명에 대해 인건비로 월 240만원씩 외주 용역업체에 계속 지급해왔다'는 거예요.

사실이었습니다. 서울메트로는 외주 계약을 맺은 용역업체(은성PSD)에 정부지침대로 1인당 인건비로 월 240만원씩 지급했지만 용역업체는 김 군에게 최저임금 수준의 인건비만 줬던 겁니다. 자, '왕서방'이 누군지 짐작이 가시죠?

용역업체를 찾아가 따져 물었습니다. 왜 김 군에게 100만원 이상 덜 줬냐고, 떼먹은 거 아니냐고. 용역업체의 답변을 그대로 옮기겠습니다.

서울메트로한테 요걸 한번 물어보세요. 노무비를 그렇게 책정해서 240만원씩 우리한테 줄 때 그 노무비를 근로자한테 무조건 다 주라고 했느냐, 한 번 물어보세요. 안 했어요. 그러면 우리 회사 재량으로 하는 거죠. 경영자가 야, 이거 뭐 노무비를 한 50퍼센트 정도만 주고, 50퍼센트는 다른 계획을 위해서 좀 쓰자. 아무 상관없어요. 왜냐? 그건 규정에 없기 때문에… 그게(공공기관 용역근로자 보호지침) 만약에 꼭 지켜야 될 법이라면, 아예 우리도 이런 생각을 안 했겠죠.

은성PSD(용역업체) 대표

정부가 최저임금을 보완한다는 명목으로 만든 '공공기관 용역 근로자 보호지침'은 아무 강제성이 없는, 지켜도 그만, 안 지켜도 그만인, 단지 권고안일 뿐이었습니다. 이렇다 보니 서울메트로도 인건비 명목으로 용역업체에 240만원씩을 주면서도 용역업체가 실제로 얼마를 지급하는지는 알지도 못했고, 알려고 하지도 않았습니다.

아니 쓰바, 그럼 제도를 뭐 하러 만들었다? 그냥 정부가 어려운 국민들을 위해 이러이러한 일 열심히 하고 있다, 생색만 내려고 한 거잖아? 이름만 그럴듯한 강제성 없는 권고안이다 보니 실제로 대부분 공공기관들은 아예 외주 용역업체 근로자 인건비를 처음부터 최저임금으로 설계하고 있습니다.

김포공항 등 공항 청소를 담당하는 외주 용역업체 소속의 환경미화원들 임금 역시 정확히 최저임금입니다. 오른쪽 사진에서 보면 미화원 아주머니들 등에 붙은 구

김포공항 미화원 고용노동부 앞 시위

호가 '정부지침 준수하라'는 거잖아요? 한국공항공사 역시 국민 세금이 투입되는 공공기관이기 때문에 '정부지침'을 원래는 지켜야 합니다. 미화원들의 시중노임단가와 최저임금 차이는 한 달에 약 45만원 정도입니다. 공항공사 관리담당자 얘기도 그대로 옮기겠습니다.

> 단순히 그냥 기본급만 놓고 본다면 우리가 정부지침을 안 지키는 건 맞죠. 그런데 이게 뭐냐면, 이 지침이 쉽게 얘기해서 권고사항입니다. 권고사항으로 돼있어서 지금 우리가 그 현황을 파악한 바에 따르면, 공공기관 중에서 한 6퍼센트 정도만 준수

하는 것으로 돼있습니다.

한국공항공사 노무 담당자

다들 안 지키는데 왜 우리만 지켜야 하느냐, 심지어 이런 얘기도 나왔습니다.

법정 임금제도인 최저임금이 엄연히 있는데 정부가 쓸데없이 또 다른 임금 지침을 마치 꼭 지켜야 하는 것처럼 만들어놓는 바람에 분란만 일으키고 있잖아요.

한국공항공사 노무 담당자

그러게, 정부는 왜 쓸데없는 짓을 했을까요? 어떤 제도를 만들 땐 당연히 필요하다고 생각해서 만들었을 거 아니에요. 그런데 왜 안 지켜도 되는 제도를 만들었을까요?

미국의 적정임금제도
프리베일링 웨이지(Prevailing wage)

이번엔 미국 얘기를 한번 해볼게요. 같은 제도를 미국은 어떻게 운용하는지 말이죠. 에이~ 세계에서 제일 잘사는 나라와 한국의 여건을 일대일로 비교하는 게 말이 돼? 그래도 한번 들어보시죠. 뒤쪽 사진은 뉴욕 주에서 환경미화원으로 일하는 두 사람이에요. 왼쪽은 23세 프레디 씨, 오른쪽은 푸에르토리코에서 이민 온 레스터 씨, 역시 23세입니다.

그런데 똑같은 청소 일을 하는데 프레디 씨의 시급은 9.50달러, 레스터 씨는 18.20달러로 두 배 가까이 많아요. 아니 프레디는 바본가? 멀쩡하게 생겼는데 왜 똑같은 일을 절반만 받고 일하지? 차이점은 일하는 장소에

프레디 씨와 레스터 씨의 임금 차이

요. 프레디는 민간 은행에서 청소 일을 하고 있고, 레스터는 시에서 운영하는 지역 주민센터, 즉 공공기관 청소일을 하기 때문에 임금 차이가 발생하게 된 거죠. 미국에도 최저임금 제도가 있다는 건 알고 계시죠? 우리와는 달리 미국은 주마다 최저임금이 다 다른데 중앙정부가 정해놓은 연방 최저임금은 시급 7.25달러입니다. 우리 돈으로 8천원 조금 넘는 액수니, 이 돈으로 미국에서살기 쉽지 않습니다. 그래서 미국도 민간 분야는 어쩔수 없다 해도 국민의 세금이 투입돼는 공공 분야만큼은우리와 비슷한, 아주 비슷한 제도를 두고 있습니다. 청소, 경비, 안전관리 등의 일자리는 미국의 공공기관들도 외주 용역업체에 맡기고 있는데 용역업체가 직원들 임금을 맘대로 깎을 수 없게끔 하기 위해 프리베일링 웨이지Prevailing Wage란 임금 제도를 두고 있습니다. 널리 통용되는 보편적 임금이란 뜻이니 우리말 번역으론 '적정임금' 정도가 맞을 것 같아요. 뉴욕 주의 빌딩 관리 분야 적정임금 테이블을 한번 보시죠.

청소미화원은 시간당 23.85달러, 정원관리사는 18.24달러, 비무장 경비원은 13.35달러 등등 100여 개 직종마다 시급을 명기해 놓고 있습니다(청소미화원 시급이 위에서 언급한 레스터 씨보다 높은 건 소독이나 유리창 청소 같은 고난이도 'C'등급 청소원의 경우기 때문입니다). 그 옆에 'Hourly Benefits'란 회사가 부담하는 건강보험 등 우리로 말하면 4대 보험 비용 같은 걸 말해요. 공공 분야에 적용되는 적정임금은 연방 최저임금보다 훠얼~씬 높습니다. 앞에서 본 민간 은행에서 청소 일을 하는 프레디 씨가 적정임금을 적용받는 레스터 씨의 절반 정도밖에 임금이 안 됐던 거 기억하시죠. 그래서 누구나 공공기관에서 일하는 것을 선호하고 자리가 나길 기대한다고 합니다. 민간 산업의 경우 임금을 후려쳐서 사장이 이문을 남기든 어쩌든 국가가 개입할 수 없지만 국민

Building Service Employees
Know Your Rights

Building service workers may be entitled to prevailing wages and benefits if they are employed by:

- ▶ Private companies under contract with NYC government agencies
- ▶ Landlords receiving 421-a tax abatements in buildings with 50 or more dwelling units built after 2007
- ▶ Landlords leasing office space to NYC government agencies
- ▶ Businesses receiving financial assistance from the City of New York

For example:

Job Title	Hourly Wage	Hourly Benefits
Office Building Class "C" Cleaner/Porter	$23.85	$10.46
Building HVAC Service Operator – Fireperson	$29.46*	$16.42*
Gardener	$18.24	$1.70
Mover – Office Furniture and Equipment – Light Truck Driver	$18.81	$5.45
Security Guard (Unarmed) 0-6 months	$13.35	$4.90*
Refuse Remover	$29.24	$5.45

미국 뉴욕 주의 공공 빌딩 용역 근로자 적정임금표

의 세금이 투입되는 공공분야 일자리만큼은 그 혜택이 용역업체 사장이 아닌 노동자들에게 실질적으로 돌아갈 수 있도록 국가가 강제하겠다는 거예요. 국가가 책정한 적정임금이 너무 과해서 저 임금으론 도저히 감당할 자신이 없다, 하는 사장님들은 공공기관 일은 하지 말라는 거죠. 공공기관 용역 일감 따내려고 경쟁이 치열한 거 보면 그런 걱정은 안 해도 될 것 같지만요.

자, 어떤가요? 제도 자체는 앞에서 본 우리나라의 '공공기관 용역 근로자 보호지침'과 거의 똑같지 않나요? 다른 점은 한국은 권고사항으로 되어 있어 이 제도를 지켜도 그만, 안 지켜도 그만이지만 미국의 적정임금제도는 지키지 않을 경우 과도하다 싶을 정도로 패널티를 받게 됩니다. 벌금은 물론이고 적정임금을 어긴 외주 용역업체는 3년간 모든 공공기관과 계약이 금지됩니다. 문 닫으란 얘기죠. 이러니까 국가의 제도가 효과를 발휘하는 거죠. 한국 사람이나 미국 사람이나 인간의 이기심은 누구나 똑같거든요. 우리처럼 공공기관이나 외주 용역업체 사장님의 양심에 맡겨 놓고 '가급적이면 지켜라' 하면 아무리 미국이라 한들 이 제도가 제대로 돌아가겠습니까?

미국 공공기관 용역업체 일자리에 적정임금제도가 법으로 정해져 도입된 건 1965년입니다. 그 전까진 미국도 우리와 마찬가지였다고 합니다. 다시 말하지만 인간의 이기심은 한국 사람이든 미국 사람이든 독일 사람이든 똑같거든요. 당시 미국의 하원의원인 오하라James Ohara 의원이 법안을 발의했는데, 당연히 반대가 거셌죠. 누가 반대했을지는 뻔하잖아요. 미국 전역에서 서비스 용역업체를 운영하시는 사장님들 로비로 의회 내에서도 이 법안이 자유계약을 위반하는 반시장적인 법안이라는 기류가 팽배했습니다. 정부가 직접 고용하는 근로자도 아닌 한 다리 건너 외주 용역업체가 고용하는 근로자 임금까지 왜 정부가 통제하느냐, 이거 정부의 월권 행위다, 뭐 이런 논리죠. 이때 미국 노동부에서 법무담당관으로 있던 찰스 도나휴Charles Donahue란 사람이 의회에서 명연설로 반대여론을 그야말로 '올킬'시킵니다.

당시 연설문입니다.

새로 제안된 법안에 의해 보호받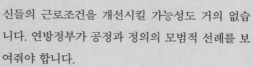
게 될 노동자들은 우리 사회에
서 가장 낮은 임금을 받으면서
경제적으로 착취당하는 사람
들입니다. 그들은 노동조합에
가입돼 있지도 않아 스스로는 자
신들의 근로조건을 개선시킬 가능성도 거의 없습
니다. 연방정부가 공정과 정의의 모범적 선례를 보
여줘야 합니다.

의원님들 누구나 임금 착취가 보편화되길 바라지
않겠지만, 그럼에도 불구하고 서비스 산업에서 임
금을 착취당하는 노동자들이 여전히 존재합니다.
그것도 민간이라면 몰라도 정부 계약과 관련된 공
공 산업장에서 이런 노동자들이 존재한다는 것은
어떤 변명의 여지도 없습니다. 정부 공공기관들은
서비스 용역 계약에서 항상 최저가를 제시하는 업
체와 계약을 맺어왔습니다. 입찰요건 중 인건비가
가장 지배적인 요인이기 때문에 계약을 따내기 위
해 터무니없이 낮은 입찰가를 제시한 뒤, 낙찰 받

고 나면 그 업체에 소속돼 있는 노동자들의 임금을 터무니없이 깎는다는 것을 모르는 사람은 없습니다. 길게 봤을 때 정부가 최저임금이나 그보다 낮은 임금을 앞장서서 조장하는 이런 정책을 통해서 과연 무엇을 얻을 수 있을지 굉장히 의심스럽습니다. 그런 정책은 수준 이하의 생산성을 야기할 것이고 전체 경제는 노동자들의 떨어진 구매능력으로 인해 고통받을 것이 명백합니다. 현재의 정책은 노동자, 정부, 또 양심 있는 용역업체 모두에게 손해되는 상황입니다. 좀 더 정확히 말해 노동자들의 진만 빼먹고 도망가버리는 무책임한 기업가들만 제외하고는 모두에게 손해를 입히고 있습니다.

찰스 도나휴, 1965년 당시 미 노동부 법무담당관 연설문 중

멋있지 않나요? 결국 도나휴의 이 연설이 의회를 설득해 공공기관 적정임금제도 법안은 상원과 하원 모두 만장일치로 통과됐습니다.

조주각 씨의 진짜 일당은 얼마였을까?

조주각 씨는 건설 현장에서 일하는 덤프트럭 노동자입니다. 바퀴가 열두 개 달린 버스만 한 크기의 25톤 덤프트럭을 모는데, 이름이 좀 특이하죠?

제가 조주각 씨를 만난 건 2011년 4대강 공사 때였어요. 에휴, 또 그놈의 4대강 얘기야? 지겹다, 지겨워. 이런 반응이시겠지만 쫌만 참고 들어보시죠. 4대강 공사 당시 낙동강 공사현장에서 일했던 조주각 씨의 일당을 한번 볼게요. 일당으로 52만원을 받았습니다. 헉! 일주일도 아니고 하루 52만원?? 떼돈 벌겠네! 저도 처음 들었을 땐, 한 달이면 얼마야, 계산도 안 되네, 했더랬죠. 덤프트럭이나 굴착기 같은 중장비는 개인 사업자들이거든요. 소위 '노가다'긴 하지만 건설사에 소속돼 일하는 게 아니라 개인이 트럭 같은 장비 사서 자기 돈으로 기름 넣고, 수리비 대고 해서 하루 일당을 받아가는 겁니다. 아니 그래도 그렇지, 하루 52만원이면 너무 많은 거 아니야?

자, 일당을 한번 자세히 뜯어볼까요. 일단 낙동강 정비 공사의 경우 채석장에서 흙과 자갈을 싣고 80킬로미터 떨어진 공사 현장까지 하루 세 번 왔다 갔다 합니다. 하루 500킬로미터 정도를 달리는데 매일 저녁 일이 끝나면 다음 날을 위해 기름을 미리 넣어두거든요. .하루 기름 값이 40만 5천원 나오더라고요. 52만원 받아서 기름 값 빼면 11만 5천원 남습니다. 보험료에다 할부로 구입한 덤프트럭 이자 합치면 하루 1만 5천원, 트럭 수리비도 일반 자동차와는 단위 자체가 다르더라고요. 하루 평균으로 따지면 6만원 정도 들어갑니다. 이렇게 따지니 하루 종일 뼈 빠지게 일해서 손에 들고 가는 돈이 딱 4만원 남더군요.

하루 일이 끝나고 집에 돌아갈 때 조주각 씨의 덤프트럭을 같이 타고 들어가며 물어봤습니다. 이 일 말고 다른 일 해볼 생각은 안 했냐고요.

일당	520,000원
기름값	405,000원
보험료+이자	15,000원
차량수리비	60,000원
	40,000원

덤프트럭 노동자 조주각 씨의 일당 분석

제가 이걸 왜 했을까 싶습니다. 지금 뭐 접고도 싶지만 마땅하게 할 것도 없고, 진짜. 뭐… 다른 게 할 게 있다면 솔직하게 저도 덤프 접고 싶어요. 10년 이상 하고 이제 애들도 크고 하니까, 뭘 해야 될지 갑갑하니까 이걸 지금 잡고 있는 거예요. 계속 마이너스인데도 잡고 있는 거죠. 제가 봐도 제가 지금 이 일을 하지만 솔직하게 왜 하는지를 모르겠어요. 미쳤다고 봐야 안 되겠습니까….”

조주각, 덤프트럭 노동자

그런데 말이죠. 건설사들이 조주각 씨 같은 덤프트럭 노동자들 일당으로 주겠다고 책정한 돈은 이보다 훨씬 많았습니다. 얼마나 많았냐고요, 82만 5300원이었습니다. 우리나라 모든 공공 건설은 입찰을 통해 건설사를 선정하잖아요. 그런데 입찰을 부칠 때 그냥 '자, 우리가 낙동강 정비공사해야 하는데 건설사 니들이 얼마에 공사할 수 있는지 한번 불러봐, 가장 싼 금액 적어내는 데 고를게' 이렇게 주먹구구로 정하는 게 아니거든요. 정부가 입찰 부치기 전에 공사비가 대략 어느 정도 들어갈지 먼저 '예정가'를 건설사들에게 제시합니다. 이 예정가는 '정부 표준품셈'이란 일종의 공사비 표준 단가표를 근거로 만들어집니다. 표준품셈이란 말 그대로 공사에 들어가는 '품'값을 비용으로 환산한 것인데, 예를 들어 콘크리트 1세제곱미터 타설하는 데 인건비는 얼마, 재료비는 얼마. 철근 공사할 때도 철근 1톤당 드는 인건비, 재료비는 얼마. 또 덤프트럭 임대할 때 공사현장까지 거리 등등을 고려해 하루 임대료는 얼마 등등을 자세히 계산해서 전체 공사비 예정가를 건설사들에게 제시합니다. 만약 낙동강 한 구간의 정비공사에 들어가는 공사 예정가가 1000억원이 나왔다면 이걸 근거로 A건설사는 950

임대비	25,279원
기름값 등 재료비	57,005원
노무비	20,882원
103,166원	

25톤 덤프트럭 시간당 품셈단가

억에 하겠다, B사는 920억, C사는 900억 등등 입찰 가격을 써내겠죠. 그리고 이 중 가장 낮은 공사비를 제시한 건설사가 낙찰되는 거죠.

매년 기름 값, 물가 변동 등을 고려해 해마다 새로운 표준품셈이 발표되는데 4대강 공사 당시 25톤 덤프트럭 한 시간 임대비용으로 정부가 책정한 금액이 10만 3166원이었습니다. 하루 여덟 시간 일 시키면 82만 5300원이라는 거죠. 물론 이 금액은 공사 예정가니까 만약 건설사가 90퍼센트 가격에 낙찰 받았다 하면 10퍼센트, 그러니까 8만 2천원 정도 깎아서 74만원 정도는 줘야 하는 거죠. 4대강 공사 평균 낙찰률은 93퍼센트였고 조주각 씨가 일했던 구간 낙찰률은 97퍼센트였습니다. 그러니까 정부가 덤프트럭 하루 임대비로 82만 5천원은 줘야 한다고 책정한 품셈단가에서 3퍼센트(약 2만 5천원)만 깎인 80만원은 줘야 하는 거죠. 복잡한가요? 간단하게 말하면 이겁니다. 4대강 공사를 따낸 건설사는 정부로부터 덤프트럭 임대료로 주겠다고 80만원 받아가서 실제로 조주각 씨에게 준 돈은 52만원이었습니다. 28만원 누가 먹은 거죠? 철근 타설 작업에도 품셈에는 1톤 타설하는 데 25만원 인건비를 책정해 놨지만 4대강 공사장에서 실제 지급된 인건비는 12만원이었어요. 4대강에서 건설사들이 너무 많이 해먹은거 아니냐는 의심이 당연히 들겠죠. 그래서 경실련 등 시민단체들이 공사 원가를 공개해라, 소송까지 걸었지만 그건 건설사들의 영업비밀이라는 이유로 공개를 여전히 거부하고 있는 상태입니다.

아니, 지들 돈으로 공사한 거면 절반을 떼먹었든, 90퍼센트를 떼먹었든 저도 상관 안 합니다. 근데 이건 국민 세금으로 공사한 거잖아요. 그것도 22조원이나 들어갔다는데, 어느 정도나 떼먹었는지 세금 낸 국민들이 알고는 있어야 할 거 아니에요. 특히 공사를 발주한 정부는 건설사들에게 지급한 인건비가 실제 지급됐는지 확인해봐야 할 거 아니에요?

이미 다 끝난 4대강 얘기, 뭐 그냥 털렸다 생각하고 지나가자고 말할 수도 있을 겁니다. 그런데 문제는 지금도 똑같은 상황이 여전히 벌어지고 있다는 거예요. 정부나 공공기관이 발주하는 모든 공공 건설이나 토목 사업은 지금도 품셈을 기준으로 예정가가 정해지고, 정부는 이를 근거로 낙찰 받은 건설사들에게 공사비를 지급합니다. 그런데 정부가 건설사들에게 공사비로 준 액수만큼 실제로 건설사들이 인건비로 지급하는지는 누구도 확인 안 합니다. 건설사들이 인건비를 품셈에 나온 대로 100만큼 받아가서 실제 지급은 50만큼만 해도 누구도 뭐라 안 한다는 얘기에요.

물론 이런 반론을 할 수도 있습니다. 목수 노임, 철근공 노임, 건설 현장 가보면 하루 13만원 이상 줘야 한다, 건설사들이 떼먹을 수 없는 구조다. 물론 노임 자체는 일당 13만원 줘야 하는 것 맞아요. 그런데 건설사들이 일당 13만원짜리 목수를 100명 쓴다고 정부로부터 인건비를 받아가서 실제론 50명만 써서 남겨먹는다는 거거든요.

한 가지 사례를 들어볼게요. 2009년 완공된 서울-춘천간 고속도로라고 있거든요. 물론 국토부와 한국도로

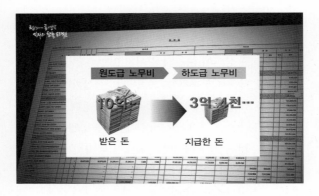

2009년 서울—춘천 고속도로 터널 A구간 전기공사 원·하청 노무비

공사가 발주한 공공 도로건설 사업이었죠. 이때 일부 구간에 대해 하청 건설업체와 원청 건설사, 또 땅 주인 간 공사비 시비가 붙었고, 결국 소송으로 이어져 대법원 판결로 공사비 원가가 공개된 적이 있습니다. 아마 우리나라 공공 건설 사업에서 공사비 원가가 공개된 건 이때가 유일무이한 사례였을 거예요. 건설사들이 공사비 원가는 절대 공개 안 하거든요. 밑천(?)이 다 드러날까봐….

위 사진은 터널 한 구간의 전기공사 노무비 내역서인데, 원청 건설사가 정부에서 품셈에 근거해 노무비 명목으로 받아간 돈이 10억 140만원 정도 됐는데, 하청 건설사를 통해 실제 지급된 노무비는 3억 4천만원, 1/3정도였습니다. 나머지 6억 6천만원은 남았다고 정부에 반납했을까요? 비자금이 이렇게 만들어지는 겁니다. 대기업들이 계열사로 건설사 하나씩은 다 두고 있는 이유가 바로 인건비를 떼어먹기가, 그래서 비자금으로 만들기가 다른 어떤 사업보다 쉽기 때문이거든요. 콘크리트나 철근 등 자재, 재료비는 떼어먹기가 쉽지 않고 예전처럼 금액 단위도 그렇게 크지 않습니다. 바로 부실로 나타나고 나중에 책임 부분도 따르거든요.

경실련 등 시민단체들은 이런 주장도 합니다. 정부가 기준단가로 삼는 품셈 자체가 부풀려져 있어서 건설사가 쉽게 떼먹을 수 있는 구조를 조장하고 있다. 맞는 말입니다. 따라서 품셈을 현실화시켜 정부가 건설사들한테 바가지 쓰지나 말게 하거나, 아니면 품셈을 그대로 둘 거면 인건비를 품셈에 나온 대로 지급하게 관리 감독해서 건설 현장에서 고생하는 노동자들 임금이나 올려주든가. 그런데 현실은 건설사들 배만 불려주고 있는 셈이거든요. 왜냐? 정부가 품셈대로 노무비를 지급하는지 확인을 안 하기 때문이죠. 국민의 세금이 들어간 공공건설 사업에 혹여 건설사들이 부당하게 이득을 챙기진 않았는지 꼼꼼히 확인하는 건 당연한 일 아니겠어요? 그런데 우리나라에선 이게 건설사들의 영업비밀로 분류돼 정부가 확인을 못하게 돼있어요. 아니 쓰바, 이게 무슨 영업비밀입니까? 더구나 민간 자본이 아니라 세금이 들어간 공공사업을 확인해 보겠다는데….

다음 장에선 미국 철근공 힐러 씨 얘기를 해볼게요. 우리와 같은 제도를 어떻게 다르게 운영하고 있는지 한번 보시죠.

한국엔 없는, 미국엔 있는

한국엔 없고 미국엔 있는 게 어디 한둘이겠습니까만은 우리가 부러워하는 서구 선진국들의 장점 가운데 하나가 누구의 입장에서 법과 제도를 만드느냐인 것 같습니다. 앞 장에서 4대강 건설 노동자 조주각 씨 임금을 건설사들이 어떻게 떼먹는지 보셨잖아요? 다음 사진의 힐러 씨는 미국 버지니아 주에서 15년째 철근공으로 일하는 건설 노동잡니다.

공사장에서 만난 힐러 씨의 모습은 우리네 공사판과 뭐 큰 차이 없더라고요. 그런데 일 끝나고 힐러 씨 집에 같이 가봤거든요. 아담한 2층 목조 주택에 강아지 뛰노는 뒷마당이 딸린 전형적인 중산층 가정이었습니다. 힐

미국 철근공, 힐러 씨

러 씨의 주급은 850달러(약 94만원) 정도, 월급으로 따지면 380만원 정도 됩니다. 여기에 의료보험 등 부가 복지비용은 건설사가 따로 부담해주니까, 큰돈을 번다고는 할 수 없겠지만 다른 직종 임금에 비해 적은 임금은 아니었습니다.

특히 우리처럼 비 오면 하루 일당 못 받고 공치는 것이 아니라 건설사가 월급처럼 보장해주니까 안정적이기까지 합니다. 앞서 미국 공공기관에서 일하는 청소미화원이나 경비들이 프리베일링 웨이지, 적정임금 적용받는다고 했잖아요? 원래 미국에서 프리베일링 웨이지가 처음 도입된 산업분야가 바로 건설 노동자 임금입니다. 목수 임금은 시간당 얼마, 철근공은 얼마, 페인트공은 얼마, 이렇게 법으로 정해져 있습니다. 특히 같은 목

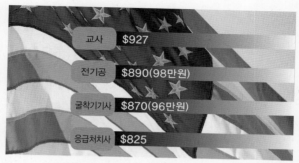

교사	$927
전기공	$890(98만원)
굴착기기사	$870(96만원)
응급처치사	$825

미국 버지니아 주 직종별 소득(주급)(미 노동부 자료)

수직종이라도 주마다 임금이 다 다릅니다. 예를 들어 생
활물가가 비싼 뉴욕의 목수 임금은 물가가 싼 앨라배마
나 미시시피 주보다 두 배 가까이 높게 책정해 놓고 있
습니다. 다음과 같은 적정임금표를 공사현장 벽면에 의
무적으로 붙여놓게 돼있는데 뉴욕의 목수 시급은 4만 8
천원이나 되네요. 아, 갑자기 뉴욕 가서 목수 하고 싶어
지네요.

에이, 무슨 소리야. 거기도 히스패닉이나 동양에서
이민 온 사람들 보면 형편없는 임금에 고생하던데….
PW(프리베일링 웨이지), 적정임금은 미국에 세금을 내
는 미국 국민들만이 적용받을 수 있습니다. 불법체류 외

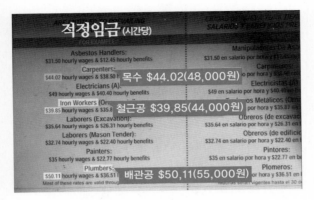

적정임금 (시간당)

FOR EXAMPLE:

Asbestos Handlers:
$31.50 hourly wages & $12.45 hourly benefits

Carpenters:
$44.02 hourly wages & $38.50 h

목수 $44.02(48,000원)

Electricians (A):
$49 hourly wages & $40.40 hourly benefits

Iron Workers (Or...

철근공 $39,85(44,000원)

$39.85 hourly wages & $35.8

Laborers (Excavation):
$35.64 hourly wages & $26.31 hourly benefits

Laborers (Mason Tender):
$32.74 hourly wages & $22.40 hourly benefits

Painters:
$35 hourly wages & $22.77 hourly benefits

Plumbers:
$50.11 hourly wages & $36.51 h

배관공 $50,11(55,000원)

Most of these rates are valid throug

뉴욕 주 공공 건설 현장에 붙어 있는 적정임금표

국인 노동자들까지 적정임금을 보장해주지는 않습니다. 또 도로나 관공서 같은 정부의 세금이 들어가는 공공건설에 한해서만 프리베일링 웨이지가 적용됩니다. 민간 건설 분야까지 적정임금 제도를 적용하라고 정부가 강요할 수는 없겠죠.

앞 장에서 공공기관 용역업체 근로자들에 대한 프리베일링 웨이지 제도가 만들어진 게 1965년이라고 했잖아요? 건설 산업에서 프리베일링 웨이지 제도가 만들어진 건 이보다 30여 년 더 빠른 1931년이었습니다. 그런

1927년 미국 롱아일랜드 퇴역 군인 병원 건설 장면

데 말이죠, 이 제도가 그냥 덜컥 만들어진 건 아니고요, 당시 이 제도를 만들 수밖에 없었던 어떤 계기가 있었습니다.

위 사진은 1927년 미국 뉴욕 주정부가 1차세계대전에서 부상당한 퇴역 군인들 치료를 위한 병원을 신축하는 장면입니다. 뉴욕 주정부가 지역에 있는 건설사들에게 '자, 당신들이 얼마에 지을 수 있는지 입찰 들어와 봐라, 그중 가장 낮은 가격을 적어내는 건설사를 선정할 테니' 하자, 수많은 건설사가 입찰에 응했습니다. 그런데 막상 낙찰 받은 건설사는 뉴욕 주에 있는 건설사가 아니라 남부 앨라배마 주에 있는 건설사였던 거죠. 지금도 그렇지만 당시에도 남부지방 흑인 노동자들의 인건비는 턱없이 낮았다고 해요. 앨라배마 주의 이 건설사는 남부 흑인 노동자들의 싼 인건비를 내세워 뉴욕 주의 건설사들과는 비교도 안 되게 낮은 가격을 제시한 거죠.

어라, 뭔가 이상해졌습니다. 뉴욕 주정부 입장에선 세금을 절약해 건물을 지을 수 있게 됐으니 잘한 것 같기는 한데, 뉴욕 주정부의 세금이 들어가는 사업인데 일감을 얻은 건 뉴욕 주에 사는 노동자들이 아니라 저 멀리 수천 킬로미터 떨어진 남부 앨라배마 주의 노동자들이잖아요. 뉴욕 주에 있는 건설사들도 이때부터 깨닫기 시작한 거죠. 뉴욕 주에 사는 비싼 목수, 철근공 쓰다간 공사를 한 건도 수주하지 못하겠다는 것을 말이죠. 남부의 건설사들이 싼 인건비로 말도 안 되는 입찰가격을 써내는데 이대로 가다간 회사 문 닫기 딱 좋겠거든요. 뉴욕의 건설사들도 남부지방의 인건비 싼 목수, 철근공을 찾기 시작한 거죠. 그러자 뉴욕 주 목수들이 들고일어났습니다. 이런 식이면 우린 다 앉아서 죽으란 얘기 아니냐? 우리 일당을 저 시골마을 목수들만큼 낮추라는 얘기냐, 앨라배마 주의 생활비와 뉴욕 주의 생활비를 비교하면 그 일당으로 뉴욕에선 살 수가 없는 거죠.

미국 의회의 데이비스와 베이컨 두 의원이 나섰습니다. 돌아가는 상황을 보니 건설사들이 인건비를 깎아 공사를 저가 수주하기 시작하면 가장 마지막 노동시장인 건설 현장 일자리가 붕괴될 것이 눈에 보였던 거죠. 그래서 1931년 두 의원들의 이름을 따서 '데이비스-베이컨 법Davis-Bacon Act'이라는 적정임금 법을 만듭니다. 세금이 들어가는 공공 건설 현장의 경우 각 직종별 임금을 법으로 정해버린 겁니다. 목수는 얼마, 철근공은 얼마, 벽돌공은 얼마, 이런 식으로요.

데이비스 의원

특히 각 주별로 생활물가가 다르기 때문에 임금도 주별로 다 다르게 정했습니다. 예를 들어 같은 목수라도 뉴욕 주에선 시간당 40달러를, 앨라바마 주에선 25달러를 주도록 말이죠. 뉴욕 주에 관공서 건물 짓는데 앨라배마 주 건설사가 낙찰 받더라도 인건비는 뉴욕 주 적정임금을

베이컨 의원

쥐야 하니 예전과 같은 낮은 인건비로 공사를 따내는 수법은 더 이상 통하지 않게 됐죠. 어차피 똑같은 인건비를 줘야 하는데 굳이 타지 노동자를 쓸 이유가 없는 거 아니겠어요? 뉴욕 주의 목수들도 정당한 인건비를 받을 수 있게 돼 땀 흘려 열심히 일하면 처자식 먹여 살리는 걱정은 하지 않아도 된다는 믿음을 갖게 됐고 말이죠.

여기서 한국과 미국의 관급공사 수주 과정과 차이점을 한번 볼까요? 한국의 경우 정부나 공공기관이 건물을 짓거나 도로를 건설할 때 건설사들을 상대로, 앞서 얘기한 것처럼 품셈에 나온 대로 계산해 공사 예정가격을 매겨 입찰에 부칩니다. A라는 건설사가 80퍼센트에 낙찰 받았다 가정하면 A사는 정부나 공공기관에서 예정가격의 80퍼센트만큼 공사비를 받아 철근, 시멘트, 목재 등 재료비를 지급하고, 또 덤프나 굴착기 등을 임대하는 경비로 씁니다. 그리고 수많은 목수, 철근공, 벽돌공 등 인부를 쓰면서 인건비를 지급하는데, 건설사가 알아서 지급하는 방식입니다.

원칙대로라면 품셈에 근거해 받은 공사비니까 예를 들어 인건비가 품셈에 100만원으로 계산됐다면 80퍼센트에 낙찰 받았으니 80만원 지급해야 하는 거 아닙니

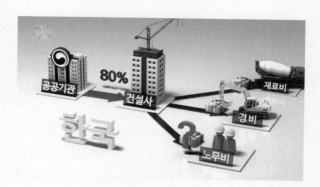

한국의 공공 건설 사업 수주 방식

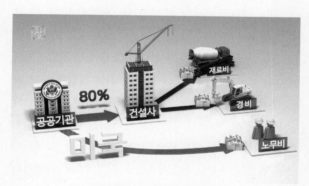

미국의 공공 건설 사업 수주 방식

까? 그런데 우리의 경우 80만원을 주든, 50만원을 주든 건설사가 알아서 주는 거지, 얼마를 줬는지 발주처인 공공기관이 확인을 하지 않습니다. 왜 확인을 안 하는지 정말 이해를 못하겠어요. 확인하는 사람이 없으면 떼먹고 싶은 마음이 생기는 거 아니겠어요?

그런데 미국의 경우 데이비스-베이컨 법에 따라 임금을 건설사 마음대로 주는 게 아니고 정부가 법정 임금을 정해버렸다고 했잖아요? 법으로 정해진 임금을 실제로 지급했는지 발주처에 보고하고 확인하도록 돼있습니다. 쉽게 말하면 이거예요. 인건비는 발주처인 공공기관이 직접 확인할 테니 건설사 너희들은 새로운 기술 개발하거나 공정혁신 뭐 이런 방법으로 공사비 절감시켜서 거기서 남겨라. 노동자들 인건비에 손댈 생각은 아예 하지 말고. 즉, 입찰 과정에서 인건비를 아예 배제시켜버린 거죠.

떼어먹고 싶은 마음이야 굴뚝같겠으나, 법과 제도가 그런 건설사 사장님들의 이기심을 원천적으로 차단시킨 겁니다. 당연히 미국 건설사 사장님들 반대가 어마어마했겠죠? 미국은 로비가 합법인 나라이니만큼 건설사들의 로비도 엄청났을 테고요. 그런데도 데이비스와 베이컨 의원의 적정임금제도가 미국 건설 현장에 바로 도입될 수 있었던 이유는 아이러니하게도 1929년 터진 미국 대공황 덕분입니다.

은행과 기업들이 줄도산하면서 거기서 넥타이 매고 일하던 화이트컬러 노동자들, 하루아침에 길바닥에 나앉게 됐습니다. 일할 곳은 없고, 가진 기술도 없고, 있는 거라곤 몸뚱이밖에 없고… 그러니 처자식들 먹여 살리려면 공사판에서 등짐이라도 져야 하지 않겠어요? 일하겠다는 사람은 사방에 넘쳐나고 공사는 한정돼 있고, 건설 현장의 인건비는 참담할 정도로 깎여나가기 시작했습니다. 마지막 노동시장인 건설 현장이 정글로 변해가자 미국 정부와 의회가 1931년 적정임금제 도입을 결정한 거죠.

어찌 보면 한국이나 미국이나 제도 자체는 비슷합니다. 미국의 적정임금제도, 또 한국엔 표준품셈이란 것이 있잖아요. 둘 다 땀의 대가가 얼마 정도 한다, 그러니 이 사람을 쓰려면 이 정도 인건비를 줘라. 뭐 비슷하잖아요? 다른 점은 한국은 안 지켜도 아무도 뭐라 안 하지만, 미국은 법제화시켜 놓아서 건설사가 지키지 않으면 막대한 불이익을 받게 된다는 거거든요. 그러니 지킬 수밖에 없는 거죠. 미국 연방 노동부 근로임금국장을 지낸 티모시 씨는 프리베일링 웨이지 같은 제도를 만들고 유지하는 것이 국가의 역할이라고 말했습니다.

이 제도가 없었다면 시공사들은 공사를 따내기 위해 노동자 임금을 깎아 입찰 가격을 낮추려 할 것입니다. 따라서 적정임금 제도는 정부 공공 공사를 수주할 때 임금은 아예 손대지 못하도록 강제 규정하는 겁니다. 적정임금제를 어길 경우, 그 시공사는 3년간 공공 공사 입찰에 응할 수 없게 됩니다. 법으로 정해 강제적으로 지키게 한 이유는 강제성이 없으면 기업들은 절대 지키려 하지 않기 때문이죠.

티모시, 미 연방 노동부 근로임금국장

건설회사들은 물론 이 제도에 대해 불만이 많습니다. 당연하겠죠. 법이 생긴 1931년부터 지금까지 줄기차게 폐지를 요구하고 있습니다. 전미 건설사 연합회(ABC) 입장은 정부가 매년 조사해 발표하는 프리베일링 웨이

지가 프리베일prevail(보편적)하지 않다는 거예요. 건설
사들이 지급할 수 있는 여력에 비해 훨씬 부풀려져 있
다는 거죠. 노동에 대한 대가인 임금은 시장에서 자연스
럽게 결정돼야지 정부가 강제 결정한다면 결국 납세자
들이 바가지를 쓰는 경우가 생긴다는 겁니다. 예를 들어
학교 건물을 짓는 데 5천만 달러면 지을 수 있는데 프리
베일링 웨이지가 적용돼 6천만 달러가 들어가고 있다,
이는 결국 국민들이 안 내도 될 세금 천만 달러를 추가
로 더 낸 셈이 된다는 논리죠.

글쎄요… 한국의 상황을 비교해보면 오히려 임금이
시장에서 결정될 때 정부가 바가지 쓸 가능성이 훨씬 더
높아 보이지만, 암튼 미국 내에서도 이런 건설사들의 주
장에 50개 주 가운데 18개 주가 프리베일링 웨이지 제도
를 폐지했습니다. 그렇지만 32개 주는 아직도 꿋꿋이 이
법을 유지해오고 있습니다. 국가가 지켜주지 않으면 사
회적 약자들의 임금은 착취당하기 쉽다는 이윱니다.

국민과의 약속, 뉴딜

눈치 빠른 분들은 갑자기 왜 뉴딜New Deal을 들고 나왔는지 알아채셨을지도 모르겠어요. 뉴딜 하면 뭐가 먼저 떠오르세요? 아하, 대공황! 또 루스벨트, 테네시 강, 후버 댐 뭐 이 정도 머릿속에 지나가시죠? 저도 예전 고등학교 때 기억으론 미국 대공황 시기에 루스벨트 대통령이 실업자를 구제하기 위해 테네시 강 개발한 사업이다, 뭐 이런 정도로 기억하고 있거든요. 이명박 정부가 멀쩡한 강바닥 뒤집어 4대강 사업 벌인 것도 경제를 살리기 위한 한국판 뉴딜이다, 뭐 이런 논리를 갖다 붙이기도 했었잖아요?

그런데 뉴딜의 진짜 의미는 강바닥 뒤집어서 일자

리 만드는 그런 게 아니었어요. 일반 국민들의 실질적인 소득을 올리겠다는 거였어요. 아시다시피 뉴딜 정책은 1933년 취임한 루스벨트 대통령이 대공황 타개책으로 도입했습니다. 그런데 루스벨트가 뉴딜을 밀어붙일 수 있었던, 그리고 뉴딜이 성공할 수 있었던 근간엔 앞장에서 말했던 프리베일링 웨이지라는 법정임금 제도가 큰 역할을 했습니다. 일자리가 없으니, 소득도 없어졌고, 소득이 없으니 씀씀이라도 줄여야 할 것 아니겠어요? 소비가 줄어들다 보니, 기업들이 만드는 물건도 안 팔리고 이런 악순환이 대공황을 영원히 지속시킬 것이란 공포가 당시 미국 사회를 뒤덮었습니다. 은행에서 일하다 쫓겨난 사람, 신문사나 증권사에서 일하다 실직한 사람, 처자식 먹여 살릴 일은 막막하고, 얼마나 절망스럽고 두려웠겠습니까?

이때 정부가 국민들과 새로운 약속, 즉 '딜Deal'을 합니다. 정부가 테네시 강에서 대규모 토목 사업을 벌여 일자리를 만들 테니 실직한 사람들은 공사현장 가서 등짐이라도 지라. 대신 땀 흘려 열심히 일한 만큼 그 대가는 정부가 반드시 보장해주겠다고 '딜'한 거죠. 사회적 약자 계층이라 해서 임금이 착취당하지 않도록 정부가 법으로 보장해주겠다는 믿음을 대공황으로 절망에 빠진 국민과 약속한 겁니다. 프리베일링 웨이지란 법적 제도가 임금 착취를 막아줄 수 있다는 걸 믿었던 거죠. 결과적으로 테네시 강 유역 개발 사업의 실질적인 혜택은 건설업자들이 아닌 열심히 땀 흘려 일한 노동자들에게 온전히 돌아갈 수 있었습니다. 이후 루스벨트는 일반 국민들의 소득을 올려주는 것만이 대공황을 벗어나는 길이라는 믿음을 갖게 된 거예요.

1936년엔 건설산업뿐만 아니라 제조업 분야까지 적정임금제도를 확장시킵니다. 정부나 공공기관에 납품 계약을 맺는 제조업체들, 예를 들어 관공서용 책상이나 사무용품을 만드는 회사, 경찰이나 공무원 유니폼을 만드는 회사의 공장 근로자들에게 정부가 각 직종별로 시간당 임금단가를 법으로 정하는 '월시힐리 법Walsh-Healy Act'이 제정됩니다. 사장님들의 반발은 컸지만 루스벨트 대통령은 미국 경제가 대공황에서 빠져나오려면 노동자들의 소득을 올려주는 방법밖에 없다고 판단한 겁니다. 민간 비즈니스 분야는 강제할 수 없으니 세금이 들어가는 공공 산업 분야만이라도 실질적인 혜택이 납세자이자 노동자인 일반 국민에게 돌아가게끔 법으로 강제해버린 겁니다.

1965년엔 '맥나마라-오하라 법McNamara-O'hara Act'이 통과됩니다. 기억하시나요? 이 책의 앞부분에서 공공기관의 청소나 경비 업무 같은 서비스 용역업체 노동자들에 적용되는 프리베일링 웨이지가 있다고 언급했던 것. 그게 맥나마라-오하라 법에 의한 적정임금제도입니다.

뿌리는 모두 대공황 시기 건설 노동자 임금제도에서 출발했습니다. 마지막 노동시장인 건설 현장에 적용해보니까 효과가 좋거든요. 그러니까 처음 건설산업에만 있던 프리베일링 웨이지 제도가 제조업으로, 그리고 서비스 산업까지 확대 적용된 거죠. 미국 정부와 의회가 사장님들의 반대에도 불구하고 밀어붙일 수 있었던 것은 'Prevail한' 임금, 말 그대로 누가 보기에도 보편적이고 타당한 적정한 임금이라는 말이잖아요. 어느 누가 토를 달 수가 있었겠어요.

사장님 나빠요~

꽤 됐죠? 몇 년 전 개그 프로그램에서 외국인 노동자로
분한 개그맨이 어눌한 한국말로 '사장님 나빠요~'라고
해서 유행어가 됐었죠. 사실 우리 사회 외국인 노동자에
대해선 동전의 양면 같은 성격이 있어서 언급하기가 여
간 조심스럽지 않습니다.

　　흔히 우리가 미디어에서 접하는 외국인 노동자의 이
미지는 어떻습니까? 한국인 사장님에게 인간 취급 못
받으며 열악한 환경에서 고생하는 불쌍한 모습이잖아
요. 그러나 제가 외국인 노동자 문제를 동전의 양면이라
말한 것은 외국인 노동자들에게 일자리를 뺏겨 눈물 흘
리는 한국인 노동자들이 분명히 있기 때문이에요. 아니,

아주아주 많습니다.

뉴스에서 많이들 보셨을 겁니다. 소위 말하는 3D 업종 사장님들 나와서 '한국 청년들 요즘 아무리 취업이 어렵다, 어렵다 해도 힘들고 어려운 일은 아예 하려고 하지 않기 때문에 외국인 노동자 없으면 경제가 무너진다' 그러면서 전가의 보도처럼 늘 나오는 말이 '요즘 젊은이들 배불러서 그런다….' 단지 힘들고 어려워서 안 가는 걸까요? 일한 만큼, 땀 흘린 만큼 대가를 지불하지 않으니까 안 가는 거죠. 생활할 수 있게, 처자식 먹여 살릴 수 있게 정당한 월급만 주면 왜 안 가겠습니까? 한국에 와서 의사, 변호사, 회계사 하는 외국인 노동자는 없습니다. 건설 현장, 소규모 영세 중소기업 현장, 식당… 흔히 말하는 좋지 않은 일자리들, 여기엔 중국, 필리핀, 방글라데시에서 온 외국인 노동자들이 바글바글합니다. 원래는 다 우리나라 사람들이 일하던 일자리였는데 말이죠. 언젠가부터 쏟아져들어온 이 외국인 노동자들 때문에 일자리를 뺏기고, 200만원 받던 월급이 100만원으로 깎여나가는 현장이 지금도 사방 곳곳에서 벌어지고 있거든요.

배운 것 없어 넥타이 매고 에어컨 나오는 소위 좋은

직장에서 일할 순 없지만 공장에서 기계 돌리며, 공사판에서 등짐 져가며, 또 식당 주방에서 접시 닦으면서 우리 아버지, 어머니 세대들 그렇게 번 돈으로 자식들 공부시키고 가정을 꾸려왔습니다. 예전엔, 그러니까 외국인 노동자가 합법이 되기 전까진 건설 현장 노동자나 공장 기술자가 좋은 일자리까지는 아니었을지 몰라도 밥벌이는 할 수 있는 일자리였습니다. 그런데 지금은 어떤가요? 인천이나 안산, 광주, 울산 공업단지 주변에 가보면 무슨 인력 공급 사무실이라는 간판이 정말 수도 없이 붙어 있습니다. 자동차나 기계 부품, 전자제품 하청 공장에서 일할 인력을 공급해주는 일종의 인력 파견업체들인데 원래는 모두 불법입니다. 현행법상 제조업체는 직원을 정규직으로 자체 채용해 써야지, 용역업체에서 파견 인력을 받아 비정규직으로 쓰는 것은 불법입니다. 그러나 실제 현장에선 제조업체들 대부분이 불법 파견 인력을 채용해 쓰고 있습니다. 그리고 거의 100퍼센트 최저임금입니다.

왜냐? 최저임금만 준다고 해도 일하겠다고 손드는 중국 사람, 필리핀 사람들이 줄지어 서있는데 뭐 하러 200만원, 300만원 주겠어요? 그러니 젊은 한국 사람들은 아무리 일자리가 없어도 그런 일자리엔 가질 않는 거예요. 중국 사람, 필리핀 사람하고 임금 경쟁을 해야 하는데 경쟁이 되겠습니까?

2010년 9월 15일 새벽, 박재완 당시 고용노동부 장관이 성남 건설 인력시장을 찾았을 때 일입니다. 장관들 가끔 현장 방문 격려, 이런 거 나가잖아요. 신문, 방송사들 같이 따라 나가서 조명도 좀 비춰주고, 그날 저녁 TV 뉴스에 나가면 '일 좀 하네', 이런 소리도 들을 수 있고요. 박 장관이 새벽 인력시장에 도착해서 처음 악수를 청한 건설 노동자가 한 말이 '중국 사람들 좀 쫓아내주세요'였습니다. 요즘 공사장 인력의 절반 이상은 외국인 노동자들입니다. 중국 사람, 필리핀 사람, 태국 사람들이 의사, 변호사 하러 한국에 오는 거 아니잖아요. 말도 서툴고, 가진 기술도 없고… 그러다 보니 몰리는 곳이라곤 공장, 아니면 건설 현장이에요.

경기도의 한 아파트 건설 현장에서 레딴땀이란 베트남에서 온 목수를 만났는데, 말이 목수지 베트남에선 식당에서 일하다 한국에 산업연수생 신분으로 들어왔습니다. 목수들 허리에 두르는 연장통 있잖아요, 그걸 못통이라 한다는데 레딴땀 씨는 한국 와서 못통을 처음 차봤다고 해요. 레딴땀 씨의 하루 일당이 7만원 조금 넘었거든요. 한국인 목수 하루 일당은 아무리 초보라 해도 13만원은 줘야 하고, 이러니 기술이 있든 없든, 말이야 통하든 말든 외국인 노동자를 부를 수밖에 없는 거예요. 일감이 줄어드니 한국 목수들은 어쩔 수 없이 외국인 노동자들만큼 일당을 낮출 수밖에 없는 노릇이고…. 이러니 젊은 청년들이 당장 일자리가 없다 해도 건설 현장에 일하겠다고 가겠습니까? 일이 힘들고, 장래성이 있고 없고를 떠나서 당장 중국 사람, 베트남 사람하고 임금 경쟁을 해야 하는데? 다음은 아파트 건설 현장에서 목수 스물세 명을 두고 있는 박○○ 목수팀장 얘깁니다.

처음에 중국 교포 쓰다가 한족 쓰다가 몽골사람 쓰다가 자꾸 임금을 더 달라 하니까 이제 베트남 사람 쓰는 거야. 베트남 사람이 좀 싸니까. 이러다가 이제 누굴 쓸지 몰라. 저 아프리카 사람들 데려다가 쓸랑가. 이제 계속 노임 싼 쪽만 데려다 쓰는 거야. 기술은 부족해도 어떡해? 울며 겨자 먹기로 가야 하는 거지. 단가가 싸니까 써야지. 애초부터 뭐

아, 그럼 가뜩이나 어려운 영세 하청 공장들 임금 비
싼 한국 청년들 쓰라는 얘기야? 건설사들도 현대건설,
대림건설 같은 대기업 건설사들이나 여유 있지, 하청 건
설업체들 사무실 유지비도 내기 힘들 정도로 어려운 회
사가 얼마나 많은데, 외국인 노동자들 없으면 이런 회사
들 다 망하라는 얘기야?

글쎄요, 모르겠습니다. 인건비 깎아 회사를 유지시키
는 이런 한계기업들이 계속 남아 있는 것이 우리 사회에
바람직한 것인지. 누구는 '좀비기업'이라고도 표현하던
데 최소한 그 사장님들이 한국 청년들은 이제 배불러서
위험하고 힘든 일자리는 거들떠보지도 않는다는 그런
말은 하지 않았으면 합니다. 외국인 노동자들 들어와서
웃은 건 결국 사장님들뿐이거든요. 눈물 흘린 건 거기서
일하다 임금 경쟁에서 못 버티고 떠난 한국인 노동자들
이고요.

우리가 흔히 해외와 비교할 때 OECD를 드는데, OECD 국가 가운데 외국인 노동자를 데려와 내국인 노동자와 직접 임금 경쟁을 시켜서 내국인 노동자의 임금을 깎아내리는 나라는 없습니다. 제가 한국에서 방송기자라는 매우 좋은(?) 직업을 갖고 있습니다만, 나 이거 다 싫다, 미국이 그렇게 살기 좋다고 하니 다 때려치우고 미국 가서 목수하겠다, 해서 미국 가서 살 수 있습니까? 불가능하죠. 그건 미국 정부가 허용하질 않거든요. 미국 시민들을 위한 마지막 노동시장을 한국 사람인 네가 왜 와서 하려고 하느냐? 너네 나라에서나 하지… 안 돼!

어느 나라든 노동과 이민 문제는 연계시켜 정책을 폅니다. 다만 누굴 중심으로 정책을 펴느냐가 선진국이냐 후진국이냐를 판가름하는 거죠. 영국 캠브리지 대학 경제학과에 장하준 교수가 쓴 글 중에 '인도의 버스기사, 스웨덴의 버스기사'란 내용이 있거든요. 뭐 대충 요약하면 버스 운전 실력으로만 보면 비포장도로에다 사람은 물론, 자전거, 게다가 가끔 뛰어나오는 소까지 피해다녀야 하는 인도 버스기사의 운전 실력이 월등히 뛰어날 거다. 그러나 받는 임금 액수는 스웨덴 버스기사가 월등히 높다. 그러니 경제학 논리로만 보면 스웨덴 버스회사 사장님은 당연히 인도의 버스기사를 수입해 고용해야 하겠지만 이는 불가능하다. 스웨덴 정부가 허용을 해주지 않으니까… 뭐 이런 내용입니다. 노동, 임금제도가 사장님 중심으로 짜여 있느냐, 아니면 노동자들 중심으로 짜여 있느냐. 이게 그 나라가 선진국이냐, 후진국이냐를 가르는 거죠.

자칫 제 말이 외국인 노동자에 대한 인종적 배척 뭐 이런 식으로 비춰질 것 같아 좀 우려스럽기도 합니다. 그렇지만 제가 주장하는 것은 외국인 노동자를 내국인 노동자의 임금을 깎기 위한 도구로 이용하지 말라는 겁니다. 외국인 노동자 임금 수준으로 내국인 노동자 임금을 내릴 것이 아니라, 굳이 외국인 노동자를 쓰려면 내국인 노동자 임금 수준으로 외국인 노동자 임금을 올리라는 거거든요.

1996년 독일 뮌헨에서 건설 노동자들 파업이 있었습니다. 노조가 강한 독일에서 파업이야 뭐 새로울 것도 없는 일이지만 이 파업은 이유가 좀 특이했습니다. 자신들의 임금을 올려달라고 파업한 것이 아니라 독일에 들어와 일하는 외국인 노동자들의 임금을 자신들과 차별 두지 말고 똑같이 올려달라는 요구였거든요. 당시 체코, 폴란드 등 동구권과 러시아에서 불법, 합법으로 들어온 외국인 건설 노동자들의 임금은 독일인의 절반 정도 수준이었는데, 이걸 자신들과 똑같이 받게 해달라고 파업까지 하다니! 흐미~ 역시 선진국은 다르네… 이런 게 진짜 휴머니즘이지. 그런데 휴머니즘 뭐 이런 거 아니었습니다. 독일 건설회사들이 자꾸 임금이 싼 외국인 노동자들 쓰려 하고 그래서 자신들 임금이 깎여 내려가니, 외국인 노동자들 임금을 내국인과 차별하지 못하게 법으로 만들어달라고 파업한 거거든요. 그렇게 되면 이왕 같은 임금을 줘야 하는데 말도 잘 안 통하고 기술력도 검증할 수 없는 외국인 노동자를 어느 사장님이 굳이 쓰려 하겠어요.

결국 독일 정부는 외국인 노동자에 대해서 각 직종별로 법정 최저임금을 설정하기로 했습니다. 미국에서 건설산업 프리베일링 웨이지가 1931년에 제정된 배경도 뉴욕 주에 병원 건물 짓는데 엉뚱한 저 아래 앨라배마 주의 건설회사가 인건비 싼 남부 노동자들 데려와 쓰면서 시작됐다고 했잖아요? 뉴욕에서 건물 짓는데 뜬금없이 앨라배마 목수들만 일자리가 생기고 오히려 뉴욕 주 목수들은 손가락 빨게 됐으니, 이건 뭔가 잘못됐다, 그래서 각 주별로 직종별 임금을 법으로 정해버린 거거든요.

뉴욕 주 목수를 고용하든 앨라배마 주 목수를 고용하든 똑같은 임금을 줘야 한다면 굳이 먼 곳에서 불러온, 그것도 기술력에서 고개가 갸우뚱해지는 타 지역 노동자를 쓸 이유가 없을 거 아니에요? 마찬가지로 제가 목공 기술이 좀 있다 해서(실제로 제 취미가 가구 만들기입니다. 지금 계획으론 은퇴한 뒤엔 홍 기자에서 홍 목수로 살아갈 예정이거든요.) 한국에서 하던 방송기자 때려치우고 미국 가서 목수 하겠다고 하면 어느 건설회사가 저를 쓰겠습니까? 형편없이 낮은 임금을 준다면 몰라도 똑같은 미국 목수 임금을 줘야 한다면 저를 쓸 리가 없겠죠. 물론 공공이 아닌 민간 건설 현장에서 형편없는 임금으로 일할 수는 있을 겁니다. 실제로 불법 이민자들 상당수가 민간 건설 현장에서 임금 착취를 감수하면서 일하고 있고요. 그러나 프리베일링 웨이지 즉, 적정한 임금이 법으로 보장되는 공공 건설 현장에서 일하는 것은 불가능합니다.

그럼 한국에선 이 제도를 왜 도입하지 않는 걸까요?

뭐 법과 제도라는 것이 그 나라 문화와 역사, 실정에 따라 맞는 것이 있고 맞지 않는 것이 있겠지만 미국식 프리베일링 웨이지 제도 같은 경우 도입 못할 이유가 없을 것 같은데 말이죠. 예를 들어 공공 건설 현장만이라도 직종별 적정한 임금을 법으로 정해버리면 어차피 똑같은 임금을 줘야 하는데 굳이 외국인 노동자를 선호할 이유가 없어지는 것 아니겠어요? 인종 차별이라는 오해를 사지도 않을 테고 말이죠. 또 정부나 공공기관이 건설사들한테 인건비 명목으로 바가지를 쓰는 일도 없어질 테니 이거야말로 누이 좋고 매부 좋은 일일 것 같은데….사실 건설노조에서도 요즘 가장 목소리를 높이는 부분이 적정임금제도 도입이거든요. 정부와 입법기관의 의지만 있으면 되는 일이잖아요.

2016년 국회에서 열린 '건설 적정임금 도입' 공청회에 나온 국토교통부 정책국장에게 물어봤습니다. 이런 제도는 미국에서 벌써 80년 넘게 운용해오고 있고, 우리나라에 도입해도 부작용이 없을 것 같은데 왜 도입이 안 되는 거냐고요.

> 그 제도가 미국 같은 경우에는 그 당시 사회적인
> 필요성이 있어서 도입을 한 거고요. 우리는 도입하
> 자는 논의를 이제 시작하는 단계로 보시면 되는데,
> 정부 입장은 여러 가지 환경이나 역사적 배경 같은
> 게 다르기 때문에 똑같이 도입하기는 힘듭니다.
>
> 당시 국토교통부 정책국장

우리나라 정부가 건설 현장에 미국식 적정임금제도 도입을 고려한 것은 2011년이었습니다. 고용의 상당 부분을 차지하고 있는 건설 현장 임금이 열악하다는 사실과 외국인 노동자 과다 유입으로 인해 내국인 노동자들이 설 자리가 사라진다는 위기감, 또 건설사들이 너무 많이 해먹는다는 사회적 분위기도 한몫했고요. 당시 고용노동부와 기획재정부, 국토부가 미국식 적정임금제도 도입 필요성과 예상되는 문제점 등을 분석한 보고서를 제출하는 등 거의 다 될 것처럼 보였습니다. 그런데 막판에 뒤집어지면서 제도 도입은 불발됐습니다. 구체적 이유는 정부에서 밝히지 않았으나 '빅5'로 불리는 대형 건설사들의 반발이 워낙 거셌다고 하더군요. 다른 무엇보다 적정임금제도가 도입되면 건설사들 입장에선 노무비 명목으로 정부에서 받아간 만큼 실제로 임금을 지급하는지 감사를 받아야 하는데 이는 다시 말해 건설사들의 회계장부를 들여다보겠다는 의미여서 도저히 받아들일 수 없는 조건이었다고 합니다.

앞에서도 언급했지만, 재벌 비자금 조달 창구가 주로 계열 건설사를 통해서거든요. 재벌기업들마다 건설사 하나씩 두고 있는 이유가 뭐겠어요? 뉴스에서 자주 보시죠? 앞 장에서 설명했지만 인건비로 주겠다고 정부나 공공기관에서 100원 받아가서 실제론 50원만 주고 나머진 오너 일가의 비자금으로 만들어도 탈이 안 생기거든요.

당시 적정임금제도 도입을 반대한 모 대형 건설사 이사의 말입니다.

> 정산 부분이 걸려 있어요. 우리가 임금으로 주는 돈이 실제 얼마인지 일일이 정부가 정산 제도라는 걸 통해서 확인하겠다? 만약에 그런 확인 제도가 들어가면 건설사들은 문을 닫는 한이 있어도 막으려 할 거예요. 적정임금제도를 굉장히 반대할 수밖에 없지 않겠어요.
>
> ○○건설 재무담당 이사

법과 제도, 정책이 누구의 입장에서, 누구의 이익을
위해 만들어지는가가 그 나라가 선진국이냐, 후진국이
냐를 결정합니다. 프랑스의 한 정치학자가 '모든 민주주
의 국가에서 국민은 그 수준에 맞는 정부를 갖는다'고
했다는데 그 말이 딱 맞는 것 같습니다.

노동 문제를 바로잡아야 교육 문제가 해결된다

2011년, 월스트리트 저널에 호주의 광부에 대한 기사가 실린 적이 있습니다. 제임스 디니슨이라는 25살 청년 광부 얘긴데, 이 친구 연봉이 20만 호주달러, 우리 돈으로 환산하면 연 1억 7천만원 정도를 번다네요. 광부가…. 이 책 읽다가 호주 가서 광부 하겠다는 분들 많이 나오겠네요. 사진에서 보는 것처럼 제임스 디니슨… 역시 학교 다닐 때 한 주먹 했네요. 술집에서 옆 테이블 손님의 턱뼈와 이빨을 날려 손해배상액이 1만 6천 호주달러가 나왔는데 이 돈을 마련하기 위해 고등학교를 중퇴하고 바민코Barminco란 광산회사에 들어갔다고 합니다.

당시 광산회사의 채용조건 문구를 보면,

ASIAN BUSINESS NEWS

The $200,000-a-Year Mine Worker

Resources Boom Fuels Demand for Underground Labor, Spurs Skyrocketing Pay; a $1,200 Chihuahua

By John W. Miller
November 16, 2011

MANDURAH, Australia—One of the fastest-growing costs in the global mining industry are workers like James Dinnison: the 25-year-old high-school dropout from Western Australia makes $200,000 a year running drills in underground mines to extract gold and other minerals.

The heavily tattooed Mr. Dinnison, who started in the mines seven years ago earning $100,000, owns a sky-blue 2009 Chevy Ute, which cost $55,000 before a $16,000 engine enhancement, and a $44,000 custom motorcycle. The price tag on his chihuahua, Dexter, which yaps at his feet: $1,200.

〈월스트리트 저널〉 (2011년 11월 16일)

1) 종종 하루 12시간 일을 해야 하는 경우가 발생한다.
2) 가끔 매우 위험한 상황이 발생한다.
3) 광산에서 일하는 동안 청결하지 못한 환경에서 지낼 각오를 해야 한다.

　뭐, 딱 3D 업종이네요. 탄광 갱도 안에 들어가 하루 종일 작업해야 하니 당연히 환경이야 두말하면 잔소리고, 호주 광산이라고 안 무너지겠습니까? 혹시라도 갱도가 무너지면 목숨을 걸어야 하는 상황도 발생할 테고요.

이렇게 어렵고, 힘들고, 위험한 작업이지만 석탄, 철광석 등 광공업은 호주의 주력 수출산업이거든요. 우리나라 화력발전소 연료인 유연탄도 호주에서 많이 들여옵니다. 따라서 누구나 들어가기 꺼리는 위험한 탄광이지만 호주 경제가 돌아가기 위해선 호주 사람 누군가는 반드시 들어가야 합니다. 대신 호주 사회는 누구도 하기 싫어하는 위험한 일을 하는 그 누군가에게 많은 임금을 주기로 사회적 합의를 본 겁니다. 반면에 한국 사회는 외국인 노동자를 데려오는 것으로 합의를 본 것이고요. 이 때문에 호주 국세청이 매년 발표하는 직종별 소득 순위를 보면 1, 2등은 항상 의사 직종이고, 광부가 5위에서 10위 사이를 왔다 갔다 합니다. 우리는 상상도 못할 일이지요?

배운 것, 가진 것 없어도 열심히 일하면 땀 흘린 만큼 대가를 보상받을 수 있다는 사회적 원칙이 왜 중요하냐면 말이죠. 이 원칙이 그 사회에 작동하느냐, 안 하느냐가 애들 교육 문제로 직결되거든요. 한국 사회에서 애들 교육 문제 때문에 고민 안 해본 부모가 있을까요? 암만 좋게 보려 해도 이건 '교육'이 아닌 '사육'인데, 알면서도 없는 살림에 빚내가면서까지 애들 등 떠밀어 학원으로 내몰 수밖에 없는 것이 한국 사회잖아요?

교육이 뭔가 잘못됐다는 생각에 입시제도를 암만 바꿔 봐도 애들도 행복하지 않고 부모도 행복하지 않고, 이건 정말 뭔가 잘못됐잖아요. 그렇다고 어쩔 수 없는 우리네 팔자라고 보기엔 이상한 것이, 미국 애들이나 독일 애들, 또 호주 애들 보면 청소년기에 딱 그 나이에 걸맞게 마음껏 뛰어놀고 자기가 좋아하는 거 마음껏 하면서 자라잖아요? 물론 공부 좋아하는 애들은 공부하고 말이죠. 그렇다고 선진국 학부모들은 자기 애가 공부 못해도 '허허, 괜찮아, 어릴 땐 노는 게 최고지 뭐' 하면서 쿨하게 이해하고 넘길까요? 단언컨대 부모 마음이야 동서양을 막론하고 똑같습니다. 내 아이가 공부 잘해서 좋은 대학 들어가고 사회 나가서 성공했으면 하는 욕심은 어디나 똑같다는 거죠.

그러나 우리가 흔히 부러워하는 선진국 청소년들이 우리 애들에게는 불가능한 행복을 누릴 수 있는 이유는, 그들 사회는 배운 것 없고 가방끈 짧더라도 열심히 일하면 땀의 대가를 보상받을 수 있다는 것, 그래서 공부에 취미가 있다면 모르겠지만 그렇지 않다면 자기가 좋아하는 일, 예를 들어 자동차를 정비하든 목수를 하든 열심히 땀 흘려 일하기만 하면 먹고사는 데 지장이 없다는 것을 이들 사회는 애들도 알고 부모도 알고 있기 때문인 거죠. 앞서 호주의 제임스 디니슨이 고등학교를 중퇴하고 광부를 선택했지만 높은 연봉을 받을 수 있는 것도 그렇고, 또 유럽에선 벽돌공이나 자동차 정비공들이 대학을 나온 회사원들만큼 돈을 번다는 얘기도 한 번쯤은 들어보셨잖아요? 실제로 그렇거든요. 공부에 모든 걸 걸지 않아도 되니까 애들이 행복한 거죠.

그러나 한국 사회는 어떻습니까? 공부가 싫어? 그래도 할 수 없어, 닥치고 학원 가. 공부 안 하면 좋은 대학에 들어가지 못하고, 대학에 들어가지 못하면 넥타이 매는 직장에 들어갈 수가 없어. 그러면 네 인생이 어떻게 되는 줄 알아? 중국 사람, 필리핀 사람하고 임금 경쟁을 해야 해. 공부 안 해서 좋은 직장 못 들어가면 형편없는 임금으로 경쟁을 해야 한다는 것을 우리 부모들이 너무나 잘 알거든요. 주변에서 너무나 많이 봐왔으니까요. 그러니 공부에 취미가 있든 없든, 애들이 뛰어내리든 말든 부모 입장에선 등 떠밀어 학원으로 내몰 수밖에 없을 겁니다.

힘들고 폼 나지 않는 직업이라 할지라도 열심히 땀

흘려 일하면 중산층으로 살 수 있다는 믿음을 주는 사회냐, 아니냐. 이것이야말로 우리 애들을 교육이 아닌 사육 시장에서 해방시켜줄 수 있는 가장 빠른 방법입니다. 입시제도, 공교육 시스템, 물론 잘못돼 있을 수 있습니다. 그렇지만 이거 바꾼다고 해서 현재 우리나라 교육의 문제점, 절대 나아지지 않습니다. 애들이 고등학교나 대학을 졸업하면 바로 노동현장으로 들어가야 하는데 노동시장의 임금이 지금처럼 왜곡돼 있는 상태에서 암만 교육 제도를 바꿔본다고 한들 교육 문제가 해결되겠습니까? 실제로 지금까지 수도 없이 이렇게 저렇게 바꿔봤잖아요?

교육과 노동의 문제는 따로따로 별개의 문제가 아니라 서로 연결돼 있습니다. 애들이 학교 교육을 마치면 노동시장으로 바로 들어가게 되는데, 왜곡된 교육의 문제를 해결하기 위해선 노동의 문제, 즉 땀 흘린 만큼 반드시 대가를 보상받을 수 있다는 원칙이 그 사회, 그 국가에 세워져 있어야 합니다.

국제기능올림픽이라고 있죠? 옛날엔 이 기능올림픽에서 메달 따면 카퍼레이드도 하고 뉴스에도 나오고 했던 기억이 있습니다. 기능올림픽은 2년마다 열리는데,

2011년 런던 기능올림픽 출전을 앞두고 있는 청소년들을 만나 인터뷰한 적이 있습니다.

> 나중에 사회에 나가면 그냥 사무적인 일, 그런 거 보다는 제가 배운 타일 가공이나 붙이기 같은 제 특징을 살릴 수 있는 직업을 가졌으면 좋겠어요.
>
> 이○○, 타일 전공

> 1학년 때는 친구들이 노가다라고 많이 놀리고 그러긴 했는데요. 2학년이 되고, 3학년이 되고 이제 애들한테 인정도 받고요. 이번에 기능올림픽에서 메달 따서 돌아오면 아마 애들이 더 부러워할 거예요. 만족하고 있습니다.
>
> 장○○, 조적(벽돌) 전공

벽돌 쌓는 일이 만족스럽다던, 친구들이 부러워할 거라던 장 군은 결국 런던 기능올림픽에서 조적 분야 금메달을 목에 걸고 돌아왔습니다. 그리고 몇 년 뒤 수소문 끝에 다시 장 군을 만났습니다. 실업계 고등학교를 졸업하고 호주 이민을 준비하고 있더군요.

기능 올림픽에서 뭐 메달을 땄다고 해서 현장에 나가 보면, 아! 금메달 땄다, 잘 쌓는다, 이게 아니에요. 그래 가지고 언제 다 할래? 이렇게 쌓아 가지고 언제 다 할래? 작업반장 한 명에 밑에는 외국인 노동자들 놓고 날림이죠. 무조건 빨리 빨리. 거기서 받는 돈으론 평생 장가도 못 갈 것 같아서 나왔어요. 어렸을 때는 많이 힘들었어도 멋모르고 했는데, 두 번 하라 그러면 전 안 합니다.

장○○

교육 문제는 입시제도를, 학교를 바꾼다고 해서 절대 해결되지 않습니다. 미국의 학부모가, 덴마크, 독일의 학부모들이 우리만큼 자식들에게 거는 기대나 욕심이 없어서 그런 거 아니잖아요. 왜곡된 노동시장 임금 문제를 해결해야만 애들을 정글에서 탈출시킬 수 있다고 저는 확신합니다.

둘

임금격차- 중소기업 월급은 대기업보다
당연히 적어야 하는 걸까?

동일노동, 동일임금

독일 베를린 외곽에 멘첼Menzel이란 산업용 모터를 만드는 조그만 회사가 있거든요. 조금 생소한 기업이긴 하지만 이 회사가 만드는 산업용 모터는 정밀하기로 유명해서 지멘스나 보쉬, GE 같은 세계적인 대기업들이 이회사 모터를 납품 받아 쓴다고 합니다. 우리가 흔히 말하는 독일의 작지만 강한 중소기업, 이른바 히든 챔피언기업이죠. 2015년 독일의 임금체계가 우리와 어떤 차이가 있는지 취재하기 위해 이 회사를 찾았습니다.

붉은색 벽돌로 지어진 공장 건물 전체가 한눈에 보기에도 오래돼 보이죠? 1927년 설립 당시 모습 그대로라고 하네요. 직원이 200명 정도 되는데, 입사 3년차인 스물두 살 크리스 군의 얘기를 한번 들어보죠.

멘첼 모터 공장 전경

노조가 체결한 임금협약에 따라 임금을 받고 있는데 2700유로(약 300만원) 정도 됩니다. 임금엔 만족하고 있습니다. 집세를 내고 생활비로 쓰고 저축도 약간 하고 있어요. 대기업에서 일하는 친구들을 부럽다고 생각해본 적은 없어요. 고등학교에서 같은 기계공학 직업훈련을 거친 제 룸메이트 친구가 대기업인 지멘스에서 일하고 있는데 월급으로만 보면 저와 거의 같아요. 다만 대기업의 경우 연말에 성과급이 여기보다 많을 때가 있긴 한데, 대신 회사 분위기는 대기업보

> 다 중소기업이 훨씬 가족 같고 좋아서 굳이 대기업
> 을 찾진 않았어요.
>
> 크리스, 멘첼 직원

대기업에 납품하는 하청 중소기업 직원의 월급이 대기업 직원 월급과 비슷하다? 아무리 유럽이라지만 에이, 설마…. 그런데 실제 유럽의 많은 나라가 그렇습니다. EU 통계청에서 발표하는 자료를 보면 독일의 경우 BMW나 보쉬 등 대기업에 비해 중소기업 직원의 임금은 평균 79퍼센트 수준에 달하거든요. 영국은 85퍼센트로 독일보다 조금 더 높고, 프랑스의 경우 90퍼센트로 대기업과 중소기업 직원의 임금 차이가 거의 없습니다.

우리의 경우는 굳이 말하지 않아도 현실이 어떤지 우리 모두가 잘 알고 있습니다. 한국의 경우 대기업과 중소기업 임금 격차는 52퍼센트로 거의 '따블'입니다 (2014년 고용노동부 조사). 이 차이에는 여러 가지 원인이 있을 겁니다. 우리가 따라할 수 있는 부분도 있을 테고, 때려죽여도 할 수 없는 부분도 있을 거예요. 일단 유

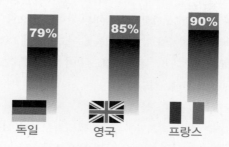

유럽 대기업과 중소기업 임금 차이(2014년 EU통계청)

럽 국가는 오래전부터 전통적으로 '동일노동, 동일임금' 즉, 같은 일을 하면 같은 임금을 받는다는 원칙이 오래 전부터 정착돼왔습니다. 자동차를 만들면 벤츠 본사에서 일하든 벤츠 차 문짝 만드는 하청 중소기업에서 일하든 같은 임금을 받는다는 거죠. 그래서 임금 협상 방식도 우리와는 다릅니다. 현대자동차가 임금을 얼마 올릴지는 매년 현대자동차 노조와 경영진이 협상해서 결정하듯이, 거의 모든 기업의 근로자 임금은 기업별로 각자 교섭해서 정하는 것을 우린 당연하다고 여기고 있잖아요. 유럽 국가들은 기본적으로 산업별 임금 교섭 제도를 취하고 있습니다. 금속산업, 화학산업, IT산업 등 각 산업별로 동일한 임금 테이블을 취하고 있다는 거죠(물론 경력이나 일의 강도, 사람마다 능력의 차이가 있으니 직무와 능률에 따라 자세한 임금 테이블을 두고 있는데 그건 복잡하고 굳이 우리가 알 필요도 없으니 여기선 패스하고 큰 제도적 차이점만 얘기할랍니다).

예를 들어 자동차 산업 직종의 임금은 각 지역별로 자동차 관련 회사 대표단과 그 지역 금속노조가 협상해서 정하게 되거든요. 자동차 회사라는 게 벤츠나 폭스바겐 같은 대기업만 있는 게 아니라 문짝 만드는 회사, 브레이크 만드는 회사 등 수많은 중소기업들도 포함되기 때문에 원칙적으론 벤츠 직원이나 브레이크 부품 만드는 '듣보잡' 회사 직원이나 임금이 똑같은 거죠. 다만 산업별로 기본임금이 교섭을 통해 정해지면 각 기업들은 다시 종업원 평의회(우리로 따지면 기업별 노조)가 회사와 협상해서 산업별 교섭 임금의 몇 퍼센트를 보너스로 더 준다, 이렇게 결정하기 때문에 기업별로 임금 차이가 아주 약간 있긴 있습니다. 그러나 개별 기업이 산업별 교섭 임금보다 올려줄 수 있는 한도를 독일 정부가 10에서 최고 15퍼센트 이내로 규정해 놓고 있기 때문에 잘나가는 대기업이라고 왕창 올려줄 수도 없는 구조입니다. 이 때문에 같은 분야의 산업체에서 일하면 대기업이든 중소기업이든 비슷한 임금을 받는다고 보면 됩니다.

OECD와 세계은행, ILO(국제노동기구)는 모두 개별 기업들이 각자 임금을 교섭하는 것보다 산업별로 임금 교섭을 하는 것이 그 나라 임금 불평등을 줄일 수 있다고 분석하고 있습니다. 아니 그럼 산업별로 임금을 정해서 대기업이든 중소기업이든 개별 기업들이 모두 이를 따라야 한다면 벌이가 시원찮은 쪼그만 기업들은 당연히 월급 주다 회사 문 닫을 텐데, 그게 가능한 얘기야? 그렇죠, 가능하지 않은 얘깁니다. 최소한 우리 현실과 비춰보면요.

유럽 같은 경우엔 초기부터 산업별 임금 교섭을 고용주들이 오히려 선호했어요. 그러니까 어느 기업은 얼마 주고, 어느 기업은 얼마 주고 하면 그 자체가 고용주들 간에 경쟁이 돼 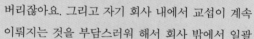 버리잖아요. 그리고 자기 회사 내에서 교섭이 계속 이뤄지는 것을 부담스러워 해서 회사 밖에서 일괄

해서 교섭해서 임금이 정해지면 그에 따르는 게 오
히려 기업 입장에선 유리하다, 이렇게 판단했기 때
문에 유럽에선 산업별 임금 교섭이 초기부터 진행
됐거든요.

그런데 한국의 경우엔 처음부터 각 기업들이 각자
기업 내 노조와 경영진이 개별적으로 임금을 교섭
했죠. 그러다 보니까 지금은 이제 산업별 교섭으
로 가자고 하면, 우리 기업주들 같은 경우는 유럽
의 기업주들하곤 좀 생각이 좀 다릅니다. 왜 우리
회사 문제를 바깥으로 가지고 가느냐, 이런 정서가
커서 각 기업별로 임금 교섭하는 것을 여전히 선호
하고 있거든요.

김유선, 한국노동사회연구소 선임 연구원

음, 그러면 역시나 전가의 보도처럼 '유럽과 우리는
역사적 · 문화적 배경이 다르기 때문에 그건 그쪽 나라
얘기고 우리에겐 우리에게 맞는 제도가 따로 있는 거야'
이런 공자님 말씀이 또 나올라나요? 우리는 살아온 역
사적 · 문화적 · 경제적 배경이 다르기 때문에 태생부터
불평등하다고 지적돼온 임금제도를 계속 안고 살아가야

하는 걸까요?

그런데 말이죠. 얘네들은 이게 가능한 근본적인 이유가 있더라고요. 제가 즐겨 하는 말이지만 사람의 기본적인 생각과 본능은 한국 사람이나 독일 사람이나 미국 사람이나 다 똑같거든요. 역사적·문화적 배경이 다른 우리도 의지만 있으면 얼마든지 가능한데 안 하는 것뿐이더라 이거죠. 그 얘기를 해보려 합니다.

영업이익률 격차가 임금격차를 만든다

유럽 국가들은 대기업과 중소기업 임금 차이가 크지 않은 반면 한국의 경우 거의 두 배 차입니다. 중소기업이 청년 일자리의 무덤이 돼버린 가장 큰 이윱니다. 사실 우리는 이거 당연한 거로 여기잖아요. 중소기업의 월급이 대기업보다 적다는 거, 그거 당연한 얘기 아냐? 중소기업의 수익이 대기업보다 적은데 월급도 적은 게 당연하지. 다 이렇게 생각하고 있잖아요?

그럼 유럽의 중소기업들은 어떻게 대기업과 비슷한 수준의 임금을 줄 수 있는 걸까요? 독일이나 프랑스 정부가 중소기업이라고 해서, 그래 고생하니 정부가 좀 지원해줄게, 이렇게 임금을 지원해주는 건 아닐 텐데 말이죠. 독일에 'KST'라는 발전기용 터빈을 만드는 회사가 있거든요. 직원 수가 75명으로 회사 규모는 작지만 알스톰이나 GE 등 세계적인 대기업에 납품하는데, 한 해 매출액이 260억원 정도 되는 알짜 기업이라고 합니다. 이 회사의 2014년 영업이익률이 5퍼센트였습니다. 물건을 만원어치 팔아서 500원을 남겼다는 얘깁니다.

그리고 이 회사 터빈을 납품 받아 발전기를 만드는 대기업인 알스톰 독일법인의 같은 해 영업이익률이 4.7퍼센트였습니다. 거의 차이가 없죠? 앞에서 언급했던 크리스라는 스물두 살 독일 청년이 일하는 모터 만드는 중소기업 멘첼이라고 기억나시죠? 그 회사의 영업이익률이 8퍼센트가 조금 넘었는데, 이 회사 모터를 납품 받는 지멘스 사의 산업기계 부문 영업이익률도 9.2퍼센트로 겨우 1퍼센트 남짓 높을 뿐이었습니다. EU 통계청 발표에 따르면 독일은 오히려 중소기업의 영업이익률이 대기업보다 높았고, 프랑스도 대기업이 고작 0.7퍼센트 높았을 뿐입니다.

중소기업들이 대기업만큼 벌어서 남기기 때문에 직원들 임금도 대기업만큼 줄 수 있다는 얘기죠. 뭐 당연한 얘기겠지만 남는 게 있으니 직원들 월급도 그만큼 줄

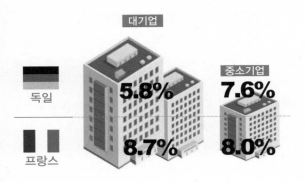

유럽 대기업과 중소기업 영업이익률 비교(2014년 EU통계청)

수 있는 거지, 회사가 수익이 나지도 않는데 법으로 정해진 산업별 임금을 지킬 수는 없는 거 아니겠어요? 땅파서 장사하는 것도 아니고 말이죠. 우리 경우를 한번 볼까요? 2014년 삼성전자의 영업이익률이 10.1퍼센트를 기록했습니다. 같은 해 삼성전자에 부품을 납품하는 이른바 협력업체들의 영업이익률 평균은 3.3퍼센트였습니다. 3.1배 차이죠. 같은 해 현대자동차의 영업이익률도 8.7퍼센트를 기록했지만 협력업체들 평균 영업이익률은 2.2퍼센트로 거의 네 배 차이 났습니다.

우리나라 중소기업들이라고 왜 직원들 월급을 삼성전

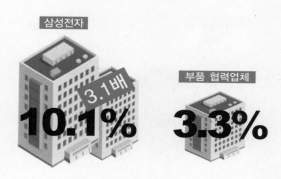

삼성전자와 부품 협력업체 영업이익률 비교(2014년 산업연구원)

자, 현대자동차만큼 주고 싶지 않겠어요. 버는 게 없으니 못 주는 거죠. 그나마 삼성전자, 현대차 협력업체들은 사정이 좀 나은 편입니다. 대부분 하청업체들이 1, 2 퍼센트 영업이익률로 근근이 적자만 면하는 구조거든요. 회사 문 닫지 않는 게 다행인데 직원들 임금 올려주는 건 그야말로 언감생심이죠. 그러니 대기업에 비해 중소기업의 임금이 52퍼센트 수준으로 격차가 두 배 가까이 벌어질 수밖에 없게 됐고, 이 상태에서 젊은이들이 눈만 높아져서 중소기업은 쳐다도 안 본다고 탓하면서 눈높이를 낮춰라, 뭐 이런 소리 하는 건 평생 적은 월급에 취

현대자동차와 부품 협력업체 영업이익률 비교(2014년 산업연구원)

약한 복지, 불안정한 고용을 감수하면서 인생을 살아라, 이렇게 말하는 거나 같은 거죠. 그런데 말이죠. 부모세대들이 왜 눈높이를 낮춰 중소기업에서 일하려 하지 않고 꼭 대기업만 고집하느냐며 답답한 얘기를 하는 데는 또 그만한 이유가 있습니다. 옛날 그 시절에는 우리나라도 중소기업과 대기업의 임금격차가 그리 크지 않았거든요.

고용노동부 통계를 보면 1980년도엔 중소기업의 임금은 대기업의 91퍼센트 수준이었습니다. 그 당시엔 우리 중소기업들도 대기업만큼이나 수익성이 좋았습니

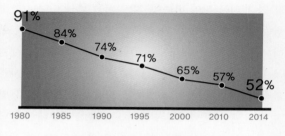

연도별 대기업과 중소기업 임금격차(고용노동부)

다. 그러니 월급도 대기업만큼 줄 수 있었던 거죠. 그러
던 것이 90년대 들어 70퍼센트대까지 떨어지더니 지금
은 거의 절반으로 줄었거든요. 그러니 부모 세대 입장에
서 보면 과거 자신들의 경험만을 가지고 최악의 취직난
에 절망하는 청년 세대들에게 눈높이를 좀 낮춰서 중소
기업에 가지, 왜 안 가려 하느냐? 배불러서 그런다, 이런
얘기가 나오는 거죠. 그런데 그건 정말 부모 세대가 지
금의 현실을 몰라서 하는 얘깁니다.

　실제로 숫자로 보면 우리나라 대기업과 하청 중소
기업의 임금격차는 정말 심각합니다. 예를 들어 현대 ·
기아차 직원들 전체 평균 연봉이 1억원이 넘습니다. 이
거 잘못됐다 말하는 거 아닙니다. 현대 · 기아차가 그만

큼 잘 팔려서 많이 버는데, 많이 버는 회사에 다니는 직원들 많은 월급 받는 거 지극히 당연합니다. 그런데 현대·기아차 직원들만의 노력으로 현대·기아차가 세계적으로 잘 팔리는 건 아니잖아요. 문짝을 납품하는 하청회사도 잘 만든 거고, 깜빡이를 만드는 조그만 회사 역시 품질 좋은 깜빡이를 만들어 납품했기 때문에 오늘날의 현대·기아차가 있는 거 아니겠습니까? 그러면 성과의 과실을 좀 나눠먹어야죠. 노동연구원이 조사해보니 2013년 우리나라 자동차 회사 본사 직원들의 평균 월급은 597만원이었습니다. 그런데 1차 부품 협력업체 직원들 월급은 평균 333만원으로 절반 가까이 떨어집니다. 여기까지만 해도 괜찮습니다. 사실 1차 협력업체들은 모비스나 위아, 만도 같은 대기업들이 상당수 포함돼 있으니까요. 한 단계 더 내려가 2차 하청업체들의 평균 임금은 291만원, 3차 하청업체들이 받는 월급은 191만원으로 본사 직원의 32퍼센트 수준까지 떨어집니다. 앞에서 본 대로 현대차 본사에 비해 하청회사들의 영업이익률이 1/4밖에 안 되니 직원들 월급 차이가 나는 건 당연하죠.

IT 업종도 한번 볼까요? 왜, 우리나라가 IT 강국이라

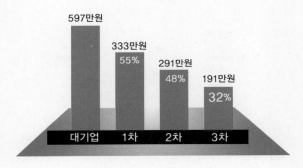

자동차 업종 임금격차(2013년 한국노동연구원)

고 하잖아요? 초고속 인터넷 전국에 쫙 다 깔려 있고, 삼성전자와 LG전자 스마트폰도 전 세계 사람들이 쓰고 있고… 그럼 IT 업계에서 일하는 사람들도 그만큼 대우를 받아야 할 거 아니겠어요? 삼성전자, KT, SK텔레콤 등등 대기업 직원들의 평균 월급이 2013년에 493만원 정도 됐다고 합니다. 1차 하청 업체 직원 월급이 263만원, 3차 하청단계까지 내려가면 172만원으로 대기업의 36퍼센트 수준에 불과합니다.

같은 자동차 만드는 일을 하고, 같은 스마트폰 만드는 일을 하고, 똑같은 전산 프로그램 만드는 일을 하는

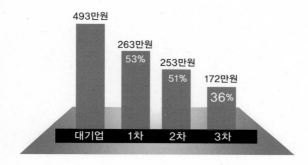

IT 업종 임금격차(2013년 한국노동연구원)

데 아무리 대기업 직원이라고 해도 월급을 세 배, 네 배 더 받는다는 건 암만 봐도 뭔가 잘못됐습니다. 이 상태인데도 사회가 뒤집어지지 않고 유지되고 있는 게 그나마 다행인 거죠.

자 그럼, 독일이나 프랑스 같은 유럽의 중소기업들은 대기업만큼 수익이 높아서 직원들 임금도 대기업만큼 줄 수 있다는 건데, 그럼 우리 중소기업들은 왜 이렇게 수익이 낮은 걸까요? 유럽의 중소기업들은 기술력이 뛰어나서 그런 거고, 우린 기술력이 워낙 떨어지다 보니 남는 것이 없는 것이다, 이렇게 봐야 할까요? 아마 머리에 떠오르는 생각이 있으실 겁니다. 우리나라 대기업과 중소기업 간의 일방적인 갑을관계, 이게 주원인이죠. 다음 장에서 이 얘기를 풀어볼게요.

갑과 을

우리나라 중소기업들은 거의 대부분 대기업과 사업이 연계되어 있는 구조입니다. 중소기업만의 사업 영역이 거의 없잖아요. 물론 대기업들이 뭐든 다 하는 게 잘못된 것일 수도 있겠지만, 암튼 한국 중소기업의 특징은 대부분 대기업과 하청 관계를 유지하고 있다는 겁니다. 한 자동차 부품 하청업체의 예를 들어볼게요. 현대·기아차에 납품하는 협력업체 입장이라 취재를 위해 사장님을 설득하는 데 정말 애를 많이 먹었습니다. 나서 봐야 잘못된 하청구조가 고쳐질 것 같지도 않고, 아무리 얼굴 가리고 음성변조를 한다 해도 자칫 자신이 인터뷰했다는 게 알려지기라도 하면 그야말로 공장 문 닫아야

공수합계			임율 (W/HR)	임율금액	직접 경비
C/T (초)	준비 시간 (분)	적용 C/T (초)			
6.0	30.0	10.15	9,060	31.09	13,065
4.0	30.0	7.88	9,060	29.09	-

원가계산서의 임률 항목

할 판일 테니까 말이죠. 이 하청업체 사장님이 '원가계산서'라는 것을 보여줬는데 말 그대로 부품 만드는 데 들어가는 원가를 자세히 뽑아놓은 표입니다. 재료비, 인건비 등등이 적혀 있는데 그 가운데 '임률'이란 항목이 있더라고요. 용어가 조금 생소하긴 한데 제품 한 개 만드는 데 들어가는 시간당 인건비 단가를 뜻하는 용어입니다.

전체 원가 계산서 가운데 임률이 표기된 부분만 자세히 한번 보시죠. 시간당 9,060원이라고 돼있는 것 보이시죠? 이 원가계산서를 누가 작성해야 할까요? 당연히 부품을 생산하는 하청회사에서 작성해야 할 거 아니에요? 우리가 원재료를 얼마에 사오고, 인건비도 시간당 얼마 정도 줘야 하니 부품 한 개당 제조원가가 얼마 정도 되겠다, 그러니 어느 정도 가격에 납품할 수 있겠다. 이게 정상일 거 아닙니까? 그런데 거꾸로 이 원가계산서가 자동차 회사 본사에서 하청업체로 내려온다는 거예요. 자기들이 시장조사해보니 재료비는 얼마 정도면 되고, 인건비도 두 사람 쓸 거 한 사람만 쓰면 얼마에 맞출 수 있다, 뭐 이런 식으로 말이죠. 부품 하청업체 사장님 얘기를 그대로 옮겨보겠습니다.

몇 명이 투입되는지 초당 몇 개 생산이 되는지 그 임률이 나오지 않습니까? 이 임률도 대기업들이 다 통제합니다. 너희 임률이 왜 이렇게 높아? 다른 데는 얼마 얼마 하니 이걸로 맞춰. 그래서 임률 같은 경우 요즘엔 시간당도 아니고, 초당 얼마씩으로 따지거든요. 저희가 잡을 수 있는 게 아니라 이미 대기업에서 초당 얼마씩 잡으라고 옵니다. 저희가 정할 수 있는 게 아니에요. 예를 들어서 우리가 생각하기엔 초당 50원은 돼야 하는데, 대기업에선 30원에 잡아, 이렇게 내려오는 거죠. 우리 공장에서 일하는 우리 직원들이지만 임금을 저희가 마음대로 줄 수 없는 구조가 되는 거죠. 완성차 회사 입장에서 보면 임률이 코스트를 결정하는 가장 큰 요인이에요. 인건비 때문에 중국 가고 베트남 가고 그러기 때문에. 임률을 컨트롤하지 못하면 제품이 경쟁력을 가질 수 없다, 라고 판단하고 있거든요, 지금 대기업들은….

A자동차 부품 하청업체 대표

참고로 이 하청업체의 원가계산서에 나온 임률이 시간당 9060원이었는데, 현대차 직원의 평균 임률은 33200원입니다(2014년 한국산업연구원 조사). 이러다 보니 하청업체가 직원들 임금을 올려주는 것도 납품하는 대기업 자동차 회사 눈치를 봐야 한다는 웃지 못할 상황이 벌어지고 있는 거죠.

급여를 올리는 것도 문제가 되는 게요, 예를 들어서 급여 수준이 올라가면 제품 원가가 올라가게 되잖아요. 그 부분이 인정이 안 됩니다. 그래서 저희 납품 단가 인하라는 건 '코스트 리덕션Cost Reduction' 이라고 해서 세계 어느 기업들이나 다 합니다. 근데 예를 들어서 선진국들은 3년, 5년의 기한을 주고 3년 동안에 20퍼센트, 혹은 5년 동안에 30퍼센트를 서로 노력해서 줄이자, 이런 식으로 가는 거구요. 우리는 업종에 따라 좀 다르긴 하지만 일반적으로 매년 연초에 자, 올해는 납품가를 무조건 5퍼센트 내린다. 그리고 원가계산서를 내려보내는 거죠. 또 시장 상황이 갑자기 악화될 때는 추가로 더 인하해달라, 이런 문제들이 생기니까 중소 협력업체들은 준비가 안 되는 거죠. 준비가 안 되고 그걸 수용하려면 두 가지 방법밖엔 없습니다. 첫째는 임금을 동결하거나 깎아야 되고 아니면 사람을 줄여야죠. 왜냐면 원자재비는 건드릴 수가 없는 겁니다. 국제적인 시장에서 형성되는 가격이기 때문에….

더 심각한 문제는 말이죠. 중소 하청업체라고 해도 자체 개발한 뛰어난 부품이 있을 거 아니에요? 기능이 뛰어나다든지, 뭐 디자인이 혁신적이라든지 하면 얼마든지 다른 자동차 회사에도 판로를 개척해볼 만한 거 아니겠습니까? 그런데 이건 하청업체 입장에선 도박이라는 거예요.

외국 자동차 회사, BMW가 됐든 아우디든 공급을 하려고 한다. 그랬을 경우에 반드시 대기업 자동차 회사에 보고를 하게끔 돼있어요. 왜냐면 우리는 지금 부품 공급사로 등록이 돼 있는 사이기 때문에. 그런데 예를 들어서 아우디나 BMW가 저희가 개발한 제품에 관심이 있다. 그랬을 경우 저희가 판매에 관련된 부분을 본격적으로 진행하다 보면, 이제 국내 자동차 대기업에서 제재가 들어온다는 거죠. 그걸 공급했을 경우에 우리는 물량을 줄이겠다. 혹은 거래를 단절하겠다.

B자동차 부품 하청업체 대표

하청구조로 들어왔으면 납품하는 대기업만을 위해 충성해라, 다른 데 한눈팔지 말고. 이런 충성 맹세하라는 것과 다를 게 뭐 있습니까? 이런 경우는 자동차 산업뿐만이 아니었습니다. 역시 대기업 전자회사에 납품하는 중소 전자부품회사 대표의 얘기를 들어보시죠.

한번은 저희한테 중국에서 100억대 거래 제안이 들어왔었어요. 저희는 이것도 다 납품처에 승인을 받아야 돼요. 저희가 개발하고 저희가 투자해서 만들었음에도 불구하고 대기업에 공급하고 있다는 이유만으로, 중국에서 이런 제안이 들어왔는데 이걸 팔아도 될까요? 승인을 받아야 되는 구조인 거죠. 당연히 그 친구들(대기업)은 싫어하죠. 결국은 포기했죠. 왜냐? 너희 그거 판매하면 중국 경쟁사에서 만들 건데, 똑같은 라인으로, 우린 그거 용납 못한다. 이렇게 나오니까 저희가 손들 수밖에 없잖아요. 안 그러면 정말 공장 문 닫을 각오로 중국 쪽 거래선을 터야 하겠지만 그럴 용기는 없었고….

C전자부품 하청업체 대표

이게 대기업과 중소기업의 종속관계를 심화시키는 악순환이 된다는 겁니다. 결과적으로 서로에게 모두 안 좋은거죠. 일방적인 종속거래가 되다 보니까 중소기업 입장에선 어떻겠어요? 납품하는 원청 대기업들이 설계도 그려주면서 이렇게 저렇게 만들어라, 하면 인건비만 잘 통제해서 싼 가격으로 만들어주면 되거든요. 그러다 보면 '작년에 천원에 만들었는데 올해는 900원에 만들어 납품할 수 있겠네, 납품하겠다고 줄 서있는 중소기업들 많은데 올해는 900원에 한번 해봅시다.' 이런 상황이다 보니 하청 중소기업 입장에선 연구개발? 그런 거 왜 해? 필요성을 느낄 동기조차 없어집니다. 아시다시피 독일엔 수십, 수백 년간 가업으로 이어져 내려오는 작지만 강한 기술력을 가진 중소기업들이 수두룩하잖아요. 일본도 마찬가지고요. 우리나라에도 물론 이런 히든 챔피언 기업이 없는 건 아니지만 참 드물단 말이에요.

하청업체가 원가를 절감할 수 있는 뭔가 혁신적인 새 기술을 개발했으면 그게 하청업체의 수익으로 돌아가야 하는 게 정상인거 아니에요? 그게 당연한 얘긴데 어떻게 된 게 우리의 원·하청 산업 구조는 하청기업이 기술 개발로 원가를 절감시키면 그건 원청인 대기업의 수익으로 바로 이어지고 혁신 기술을 개발한 하청업체는 오히려 손해를 보는 이해할 수 없는 구조로 왜곡돼 있습니다, 대기업에 9년째 납품하고 있는 한 중소기업 사장님 얘기 한번 들어보시죠.

예를 들어서 우리가 A라는 부분을 그동안 수작업 해왔는데, 이번에 B라는 장비를 개발해서 자동화를 시키겠다. 그러면 당연히 원청 대기업은 그거 좋은 생각이다, 하죠. 근데 그 좋은 생각이 좋게 다가오는 게 아니라 저희에게는 코스트 다운 요인으로 돌아온다는 거예요. 자동화시키면 인건비랑 줄일 수 있겠네? 이렇게 나오니까 말이죠. 하청 기업 입장에서 보면 사람은 줄지만 회사 수익은 늘어야 되는데, 사람도 줄고 수익도 줄어드는 이런 악순환 고리가 계속되다 보니까, 이제 기술 개발은 곧 자기가 어떤 손해를 보는 그런 구조로 빠져든다는 인식이 굉장히 강합니다. 내 돈 들여서 뭔가 기술이나 공정을 개발할 때는 이게 내 수익으로 돌아온다는 대가가 있어야 할 거 아니에요? 개발할 때도 당연히 비용이 들어가니까요. 이걸 빼야 되는데 빠지지 않고 오히려 납품 가격이 깎이는 그런 구조다 보니 이제 개발을 하려고 하지 않아요. 대부분 업체들이 다 그럴 겁니다. 수동적으로, 원청 대기업이 그냥 얼마 맞춰서 납품해, 그러면 거기 단순히 쫓아가는, 가격만 맞추는 방향으로 가는 거지, 저희 중소기업들이 자발적으로 나서서 뭔가 원가를 개선한다거나 아니면 라인 개선을 통해서 어떤 기술 개발을 한다거나 이런 부분은 거리가 멉니다. 뭐 돌아오는 게 있어야 하죠?

오○○, 안산 가전부품업체 대표

참 큰일이라는 생각이 들었습니다. 남들은 4차 산업혁명이 어쩌니 하는 시대에 이런 원·하청 기업 간 종속적인 구조로 어떻게 저들과 경쟁이 되겠나… 중소기업들 스스로의 기술력, 혁신 역량은 없어지고 종속관계만 깊어지게 될 거란 우울한 예측이 머릿속을 가득 채웁니다.

결과적으로 악순환이 뭐냐, 종속 거래가 계속되다 보니까 원가가 자꾸자꾸 내려가는 문제가 생기고 또 그러다 보니까 장기적으로 자기네들 스스로의 기술력, 혁신 역량이 없어지게 된다는 거죠. 그래서 지금 우리 중소기업에서 혁신 기업들이 안 나오는 거죠. 그리고 거기에서 빠져나올 수가 없는 게 우리가 뭐 해외로 수출을 하자, 납품선을 다변화하자 하지만, 선진국 기업들은 첫째 기술력을 봅니다. 한국 중소기업들? 현대, 삼성 많이 컸으니까 그 협력업체들도 기술력이 우수할 것이다. 그런데 막상 만나 보면 기술력이 없는 거죠. 그러니까 또 밖으로 나가지 못하고 계속해서 우리 대기업들한테 납품을 할 수밖에 없고, 종속 의존도만 심화되는 악순환이 이어지는 거죠.

이항구, 한국 산업연구원 팀장

이런 일방적인 종속관계를 약점으로 대기업들의 부품 하청업체에 대한 불공정한 단가 후려치기 문제는 많이 제기되고 있지만 여전히 산업 현장에선 횡행하고 있습니다. 한 대기업 가전 담당 구매부서와 부품 하청회사 대표가 주고받은 공문을 보여드릴게요. 다음 페이지에서 위는 대기업 가전회사 구매부서에서 하청업체에 보낸 납품 단가 인하 요청 공문, 그리고 아래는 단가 인하 요청을 받은 하청업체가 답장으로 보낸 공문입니다. 결국 단가 인하 요구를 거부했고, 이 하청업체는 그로부터 3개월 뒤 납품 계약이 해지됐습니다. 그리고 공장 문도 닫았습니다. 이 대기업 구매담당자를 찾아갔습니다. 너무한 것 아니냐, 그 하청업체도 더 이상 납품 단가를 인하하면 진짜 남는 것이 없어서 그렇게 하소연했던 것인데, 그렇게 단칼에 계약을 해지해버릴 수 있는 거냐, 매정하게….

납품처를 국내뿐 아니라 해외 공급선으로까지 확대하면서 납품가격을 다운시킬 수 있는 요인이 발생했기 때문에 요구했던 것입니다. 우리가 무리하게 그냥 깎아라, 그런 건 아니었습니다.

대기업 구매팀 담당자

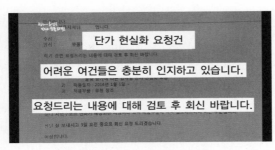

대기업 구매부서에서 보낸 단가 인하 요청 공문

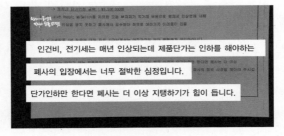

부품 하청업체가 대기업에 보낸 공문

벤츠나 BMW 품질이 좋은 게 완성차 업체만 잘해서 그런 게 아니고 수많은 기술력 있는 부품 협력업체들의 덕분이라는 건 이미 알려진 사실이잖아요. 기술력, 경쟁력 있는 부품 협력업체들 없이 현대·기아차와 삼성, LG전자가 모든 걸 혼자 다 잘할 수 있겠습니까?

하청업체 인건비 쥐어짜서 마진 남기는 사업이 언제까지 가능할까요? 우리 산업구조가 이런 악순환이 계속되는 반면 독일의 산업은 선순환 구조를 구축하고 있습니다. 중소기업들이 대기업만큼 영업이익을 낼 수 있게 되면서 직원들 임금을 대기업만큼 줄 수 있게 됐고, 이는 유능한 인재들이 굳이 대기업만을 고집하지 않고 중소기업을 찾게 하는 환경을 만들어줬거든요. 유능한 직원들이 들어오니 중소기업의 기술력은 더 좋아지게 되고요. 독일의 중소기업이 히든 챔피언이 된 것도 중소기업들이 그냥 저절로 강해진 게 아니라 이런 우리와 다른 아주 근본적인 이유가 있었기 때문입니다.

예를 들어 우리 회사에서 기계작업을 하는 직원이나 지멘스에서 일하는 직원이나 임금이 거의 같습니다. 지금까지 우리 회사에서 직업 훈련을 받고

일하다가 지멘스나 다른 대기업으로 옮긴 경우는 단 한 건도 없었습니다. 대기업 수준의 임금을 지급하니 우리 같은 중소기업들이 훌륭한 인재를 뺏기지 않는 거죠.

하이코, 독일 KST 대표

그렇다면 이런 의문점이 또 드실 겁니다. 아니, 유럽의 대기업 경영진은 그럼 한국과 달리 원래부터 본성이 착해서 중소기업들이 충분한 수익을 낼 수 있는 건가? 그렇지야 않겠죠. 한국이나 유럽이나, 미국이나, 중국이나 더 많이 벌고자 하는 사장님들의 본성은 아마 똑같을 겁니다. 그건 자본의 본성이거든요. 내가 10억 벌었으니, 이제 충분해, 이제 기회가 있어도 난 더 이상 돈 안 벌 거야. 다른 사람도 좀 벌어야지, 이러지 않거든요. 돈이 돈을 번다고 하잖아요. 가진 자본이 클수록 더 많은 수익을 낼 수 있는 기회가 늘어나는데, 이걸 자본의 양심에 맡겨둬선 절대 포용적인 경제 구조가 만들어지지 않습니다. 독일 대기업 회장님들이라고 해서 '난 벌 만큼 벌었으니 이제 하청 중소기업들도 좀 먹고살아야지, 이제부턴 우리가 양보할게' 이러겠습니까? 자본의 이기심은 한국이나 미국이나 독일이나 전 세계 어느 민족, 어느 사회나 똑같습니다. 그 이기심을 누르게 만드는 것은 사장님들의 양심이 아니라 강제적인 법과 제도입니다. 이게 있느냐, 없느냐에 따라 그 사회가 착취적인 사회인지, 아니면 포용적인 사회인지가 갈리게 되는 거죠.

유럽 각국의 정부들이 이런 기업의 본성과 이기심을 통제하기 위해, 다시 말해 착취적이 아닌 포용적인 경제구조를 만들기 위해 어떤 법과 제도를 만들었는지, 다음 장에서 풀어볼게요.

앞에서 말한 걸 간단히 정리해보면,

1) 유럽 국가의 중소기업은 대기업과 임금격차가 그
   리 크지 않다. 그 이유는 중소기업이라 해도 대기
   업만큼 영업이익을 올릴 수 있기 때문에 그만큼
   임금을 줄 수 있는 여력이 있어서다. 이 때문에 같
   은 일을 하면 같은 임금을 받는다는 '동일노동, 동
   일임금' 제도가 뿌리 내릴 수 있게 됐다.

2) 한국의 경우 대기업과 중소 하청기업 간 수직적
   종속관계(쉽게 말해 갑을관계)가 뚜렷하게 형성돼
   있기에 중소기업의 영업이익이 대기업에 훨씬 못

미치고, 그러다 보니 임금도 대기업의 절반 수준
밖에 안 되는 것이다.
3) 그럼 유럽의 대기업은 천성이 착해서 중소기업들
이 먹고살 만하게끔 놔두는 것이냐? 그렇지 않다.

여기까지 얘기했죠? '국가의 역할', 제가 가장, 가장,
가장~ 중요하게 생각하는 게 바로 국가의 역할입니다.
자꾸 독일의 예를 많이 들게 되는데, 제가 보기에 독일
의 산업구조가 제조업 중심이고 사람들 근면하고 똑똑
하고, 또 이념적 분단 체제도 경험해봤고 등등 여러 가
지로 우리와 비슷하기에 자꾸 우리는 이런데… 하고 비
교하게 되더라고요. 독일도 통일 이후 동독 경제를 끌어
올리기 위해 막대한 통일 비용이 들어가면서 독일 경제
전체가 크게 어려웠던 적이 있습니다. 당시 많은 공기업
들이 수익성을 높인다는 명분으로 민영화됐는데 도이
치반Deutsch Bahn(DB)이라 불리는 독일 철도공사도
1994년 민영화됐습니다. 당시 민영화된 DB는 200여 개
에 달하는 열차 부품 납품업체들에게 일괄적으로 3퍼센
트씩 납품 단가를 인하할 것을 통보했습니다. 독일이나
한국이나 더 많은 돈을 벌고 싶어 하는 자본의 이기심은

똑같다니까요? 중소 납품업체들이 납품 단가를 3퍼센트씩 깎아줬을까요? 납품업체들은 DB의 요구를 들어주는 대신 납품가를 내리지 말자고 서로 가격을 담합했습니다. 그 가격엔 납품 못하겠다. 그러니 배 째라.

가격 담합은 우리나라는 물론 거의 모든 나라가 엄격히 금지하고 있습니다. 가격 담합이 이뤄지면 일반 소비자든, 납품을 받는 원청업체든 누군가는 피해를 보게 돼 있으니까요. 독일에도 담합금지법이 당연히 있습니다. 그런데 독일 헌법에는 담합에 대한 예외조항이 있습니다. '중소기업들의 경쟁력을 위한 경우엔 예외적으로 담합을 허용한다'는 겁니다. 물론 연방카르텔청에 신고는 해야 합니다. 납품 받는 대기업에서 우월적 지위를 이용해 납품 단가를 무리하게 깎자고 요구해왔는데 이러이러한 정황으로 우린 억울하다. 그리고 이런 납품가라면 중소 납품업체들이 남는 게 없다. 그러니 살기 위해서 납품업체들끼리 똘똘 뭉쳐서 일정 가격 이하론 납품하지 말자고 담합할란다, 이렇게 신고하고 담합에 들어간다는 거죠. 물론 의도(?)가 빤히 보이는 단순한 가격 담합은 독일 카르텔청에서도 허용하지 않습니다.

1990년대 후반 독일 경제가 최악으로 침체됐을 땐

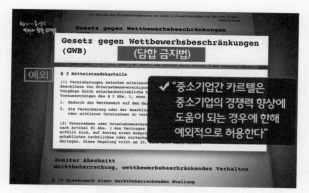

독일 담합금지법 예외조항

1500여 개 중소기업들끼리 180여 건의 카르텔이 결성
됐다고 합니다. 그런데 말이죠, 약자들의 담합이라는 게
깨지기 쉽거든요. 카르텔에 참여하지 않은 다른 중소기
업이 그 가격에 우리가 납품할게! 하고 손들고 나서는
경우 카르텔은 순식간에 대오가 무너지게 마련이잖아
요. 이런 사태(?)를 방지하기 위해 독일의 경우 중소기
업들이 거의 모두 중소기업 사업조합이라고 해서 각 사
업 분야마다 공동으로 정보도 공유하고 정부나 공공기
관에 대한 대응도 같이 하는 조합에 가입돼 있거든요.
이런 조합들이 이탈자들을 막고, 가격 담합을 유지시켜

주는 역할을 한다고 합니다.

독일 중소기업 사업조합을 찾았을 때 자신들의 역할에 대해 한국 언론에서 자칫 오해하지 않을까 우려하더군요. '담합', '카르텔' 하면 일단 부정적인 느낌이 먼저확 들잖아요.

중소기업을 우대하는 대기업에 대한 차별적인 제도라고 할 수 있죠. 자동차 회사 등 대기업은 중소기업이 일정한 수익을 올릴 수 있는 기회를 줘야 합니다. 그렇지 않으면 중소기업들이 생존할 수 없고 이는 장기적으로 대기업들이 중요한 부품 공급업체를 잃게 된다는 것을 의미합니다. 이는 곧바로 해당 대기업들의 경쟁력 저하로 이어질 것이 자명하고요. 독일 연방헌법이 중소기업들의 납품가격 담합을 예외적으로 허용하는 이유는 근본적으로 독일 제조업의 경쟁력을 지키기 위해서라고 할 수 있습니다.

한스 위르겐, 독일 중소기업 사업조합 수석 연구위원

이번엔 프랑스의 경우로 예를 한번 들어볼까요? 프랑스 하면 고속철 테제베, 전투기, 철강, 푸조 자동차 뭐이런 단어가 연상될 정도로 프랑스 역시 전통적인 제조업 강국입니다. 프랑스의 대기업과 중소기업 간 임금격차는 90퍼센트 수준으로 독일보다도 작습니다. 독일이야 전통적으로 노조 가입률이 높기 때문에 노조가 강하고, 그래서 각 산업별 노조가 임금을 협상해 정하기 때문에 같은 일을 하면 대기업과 중소기업 임금격차가 크지 않은 것인데, 프랑스의 경우는 노조 가입률이 9퍼센트밖에 안 되거든요. 전체 노동자 100명 가운데 9명만 노조에 가입돼 있다는 의미라서 노조 가입률로만 본다면 우리나라(10.2퍼센트)보다도 오히려 낮습니다. 그런데 산업별 임금 교섭이 가장 활성화돼 있는 나라가 프랑스거든요. 노조도 약한데 어떻게 가능할까? 그 이유는 프랑스 정부에 있습니다. 프랑스 노동부는 금속이나 화학, 전자 등 각 산업별로 대표노조가 사용자 측 대표단체와 교섭을 통해 임금이 결정되면 노조가 있는 회사든 없는 회사든 프랑스 전역의 모든 기업에 결정된 임금을 강제 적용합니다(협약범위 확장제도, 1971년 제정).

쉽게 말하자면 푸조나 르노 같은 자동차 회사들 대표

단이 프랑스 금속노조 자동차 분과 대표와 내년 임금은 각 직종·직무별로 얼마씩 정하기로 하자, 이렇게 결정하면 프랑스 노동부는 이 임금 교섭 결과를 전국의 모든 자동차 관련 기업에 확장시켜 강제로 적용시킨다는 겁니다. 그 기업에 노조가 있든 없든, 산업별 노조에서 협상된 임금을 무조건 지급하라는 거죠. 이걸 '임금협약범위 확장제도'라고 한다는데 1971년 의회에서 제정했다고 합니다. 어찌 보면 독일보다 더 사회주의적 성격이 짙은 제도를 프랑스 정부는 택하고 있습니다.

정부가 개입을 하지 않으면 기업들은 산업별로 동일한 임금협약을 체결하려 하지 않을 것입니다. 노조가 결성되지 않은 소규모 개별 기업체들은 말할 것도 없고요. 그래서 법으로 정해서 모두가 준수하도록 만든 겁니다. 이 때문에 프랑스는 다른 나라들에 비해 노조 조직률이 9퍼센트로 매우 낮은데도 불구하고 산업별 동일 임금협약 적용률은 90퍼센트 이상으로 매우 높습니다. 프랑스 정부가 이 제도를 취하고 있는 이유는 프랑스 국민들 간 소득의 불평등을 줄일 수 있는 가장 효과적인 방법이기 때문입니다.

장 미리, 프랑스 사회경제연구소 연구원

이런 거 보면 나라별 문화적 · 역사적 배경 이런 건 아무 의미 없다니까요? 국가의 의지가 얼마나 중요한지 느껴지시나요? 우리는 노조 조직률이 워낙 낮으니 다른 선진국들하고는 여건이 다르다, 뭐 이런 얘기는 평계에 불과합니다. 국가가 무엇을 위해, 누구를 위해 존재해야 하는지, 다시 한 번 생각하게 합니다.

다른 유럽 국가들의 경우에는 노조 조직률이 높기 때문에 한국하고 좀 차이가 난다, 이렇게 얘기할 수 있을지 몰라도, 프랑스의 경우만 놓고 보면 노조 조직률이 9퍼센트 정도로 한국보다 더 낮거든요. 프랑스 같은 경우엔 누구는 노조원이고 누구는 노조원이 아니라고 해서 임금이나 노동 조건이 달라진다면 해당 산업 전체를 놓고 볼 때 바람직하지 못하다 해서 노동부가 나서는 겁니다. 산업별 임금 협약을 체결한 주체가 전체 노동자 중에 상당히 미미한 비중이라 하더라도 노동부가 판단해서 특별한 하자가 없으면 그 임금 교섭 결과를 해당 산업 전체에 확대 적용을 시켜버리거든요.

그런 면에서 보면 뭐, 유럽이기 때문에 그렇고 우리는 아니고의 문제가 아니고, 정부 그리고 해당 노사, 이 주체들이 얼마나 의지를 갖고 있느냐에 따라서 얼마든지 가능한 문제다, 이렇게 봅니다.

김유선, 한국노동사회 연구소 선임 연구원

이 챕터 앞부분에서 말했듯이 OECD와 세계은행, ILO(국제노동기구) 모두 기업별로 각자 노조와 임금을 교섭하는 것보다 산업별로 임금 교섭을 하는 것이 임금 불평등을 줄일 수 있다고 했잖아요. 산업별 임금 협상은 국내 양대 노총인 민주노총과 한국노총 모두 표면적으로는(?) 도입을 주장하고 있습니다. 사실 산업별 임금 협상이 우리나라에 도입되면 좋겠지만 현실적으로 이게 가능하겠나… 거의 불가능에 가깝다고 보입니다. 불가능할 거라고 보는 이유는 역설적으로 노조 때문입니다. 음… 이거 얘기가 자연스럽게 노조 문제로 흘러가네요. 다음 장에서 이어가보죠.

귀족노조는 정말 귀족인가?

제목이 풍기는 뉘앙스로 보면 '귀족 아니다'라고 할 것 같겠지만, 저는 한국의 대기업 노조는 '귀족'이 맞다고 생각합니다. 한국의 노조 조직률이 10퍼센트 정도 된다고 했잖아요. 근로자 열 명 중 한 명 정도가 노조에 가입돼 있다는 얘긴데, 문제는 노조원들 대부분이 대기업과 공기업 등 이른바 좋은 일자리에 있는 근로자들입니다. 전체 근로자의 88퍼센트가 몸담고 있는 중소기업, 또 대기업이나 공기업이라 해도 수많은 비정규직 근로자들에게 노조는 먼 나라 얘깁니다. 때만 되면 뉴스에 노조 파업으로 어느 회사가 멈췄다느니 손실 비용이 얼마라느니 보도되니까 한국 사회가 노조가 막강하고 모든 근로자가 노조원인 것처럼 착각하고 있는 거지, 주변을 한번 보세요. 노조 있는 회사 그리 많지 않습니다. 노조에 들어갈 수 있는 직장에 다니고 있다면 정말 괜찮은 직장에서 일하는 사람입니다. 우리나라 노조 가운데 강성노조 하면 십중팔구는 현대·기아차 노조를 아마 떠올릴 거예요. 지금도 전체 직원 평균 연봉이 1억원이 넘는데, 더 받으려고 맨날 파업해서 공장을 세우고 있다, 그러니 귀족노조 아니고 뭐냐, 언론에서 많이 하는 얘기죠.

우선 확실하게 해두고 갈 것은 노조가 있든 없든, 어떤 회사가 장사가 잘되고 수익이 많이 나서 직원들 월급 많이 주는 건 지극히 당연합니다. 현대·기아자동차가 또 삼성, LG의 스마트폰이 국내는 물론 해외에서도 잘 팔려서 직원들 월급 많이 올려주는 건 당연히 그래야 합니다. 이걸 가지고 누구도 뭐라 해서는 안 되는 일이죠. 그렇지만 앞에서도 언급했지만 현대·기아차가 품질 좋은 차를 만들어서 잘 팔리는 건 수많은 하청 부품 업체들의 공도 크잖아요. 그럼 과실을 같이 좀 나눠먹어야 할 텐데, 현실은 어떻습니까? 현대·기아차가 암만 잘 팔리고 수출이 잘돼도 그 과실은 대부분 현대·기아차 직원들 독차지로 돌아가고 부품 업체들의 영업이익은 현대, 기아차의 1/4밖에 안 되니 귀족노조라고 욕하는 거죠. 그게 왜 노조 탓이냐고요? 이런 구조를 만드는 데 현대·기아차 노조가 상당한 역할을 하고 있거든요. 현대·기아차뿐만 아니라 우리나라 대부분 대기업이 본사 이익을 극대화하기 위해 하청업체와 비정규직 임금을 쥐어짜고 있고, 이를 견제해야 할 대기업 노조는 본사 직원들의 고임금을 위해 이를 눈감아주는 갈등적 봉합상태에 있기 때문입니다.

기아자동차 생산 공장이 있는 광주광역시 인근 공단에 소규모 부품 협력업체들이 수없이 많이 있습니다. 이 협력업체 직원들 역시 기아차가 망하지 않아야 자신들 일자리도 유지될 수 있다는 사실을 잘 알고 있습니다. 그렇지만 기아차 직원보다 훨씬 힘든 일을 하는데 월급 차이는 3, 4배 된다는 현실에 대해 어떻게 생각할까요?

저랑 동갑인 친구가 기아차 공장에서 일하거든요. 저는 스포티지 문짝을 만들고 그 친구는 우리 같은 부품업체에서 만든 문짝이랑 보닛, 범퍼 이런 부품들 조립해서 스포티지를 만들어요. 어쩌다 월급 얘기가 나오면 제 연봉이 2500 조금 안 되는데, 그 친구의 딱 1/4입니다.

근데 우리 같은 부품업체 사람들이 정말로 이렇게 돈을 조금 받는 이유가 뭣 때문이라고 생각하세요? 그거 기아차 노조 때문이에요. 기아차 파업 한 번 하고 나면 당장 우리 월급이 영향 받는다니까요? 거기 월급 올라가면, 우리 월급이 내려갈 수밖에 없어요. 우리 사정 뻔히 알면서 회사랑 딱 짝짜꿍이 돼서 우리 같은 하청업체들 죽든 말든 쥐어짜는 거 아니에요? 지들 월급만 올라가면 된다는 거지….

경제민주화니 뭐니 많이 배운 양반들이 떠드는데, 여기 와서 한번 보라고 하세요. 그냥 간단하게 말해서 일한 만큼 돈 주는 게 경제민주화 아니냐 이거죠. 똑같은 스포티지 만드는데 절반도 아니고 네 배나 차이난다는 게 말이 됩니까?

기아자동차 광주 공장 하청업체 생산직원

다시 한 번 강조하지만 국내 대기업들이 장사 잘돼서 직원들 월급 올려주는 건 지극히 당연하고, 당연히 그래야 합니다. 노조 역시 노조원들의 임금과 고용 안정이 노조의 첫 번째 존재 이유니까 당연히 월급 올려달라고 주장해야 합니다. 그러나 누군가의 절대적인 희생이 뒷받침돼서는 안 된다는 거죠. 아무리 우리나라 노조가 산업별이 아닌 개별 기업별로 조직화돼 있다고 해도 하청업체나 비정규직 처지가 어떤지 뻔히 알면서 애써 모른 척하고 있으니까요. 귀족노조라고 손가락질 받는 진짜 이유가 이겁니다.

기아차 광주 공장을 예로 든 건 제가 거기서 현실을 봤기 때문인데, 반대로 한 줄기 가능성도 봤습니다. 대기업과 중소기업, 원청과 하청 기업 관계가 약육강식 구조로 변했고, 대기업 노조가 이런 현실을 눈감는 바람에 좋은 일자리는 줄어들고 그 자리를 나쁜 일자리들이 차지하게 된 이런 정글을 빠져나갈 수 있는 희망을 광주에서 봤습니다. 다음 장에선 그 얘기를 해보려 합니다.

광주의 일자리 실험은 성공할까?

정부에서 발표하는 공식적인 청년실업률은 10퍼센트대에서 왔다 갔다 합니다. 정부 발표로만 보면 제 주변에 있는 청년들 열 명 중 아홉 명은 직장에 다니고 있어야 하는데 암만 둘러봐도, 뭘 보고 10퍼센트라고 하는 건지 의문스럽습니다. 민간에서 분석하는 실제 청년실업률은 25~30퍼센트 수준이라고 합니다. 이 정도면 사실 국가 재난 상태 아닌가요? 청년실업 문제를 경제 문제가 아닌 국가적 재난 문제로 봐야 하지 않나 싶습니다.

'광주형 일자리'라고 혹시 들어보셨나요? 광주광역시가 추진하고 있는 새로운 일자리 모델이거든요. 이 책이 출간될 즈음엔 어떤 식으로 결정 나 있을지 모르겠는데 요약해 말하면 이겁니다. 광주광역시에 기아차 생산 공장이 하나 있거든요. 그런데 '여기에 현대·기아차가 또 다른 자동차 생산 공장을 하나 더 지어달라, 대신 여기서 일하는 직원들 평균 임금을 4천만원 선에 맞추도록 광주시가 보장하겠다'라는 겁니다. 제가 처음 이 얘기 들었을 때, 바로 이거네! 무릎을 쳤습니다. 새로운 일자리, 특히 좋은 일자리가 생기려면 기본적으로 기업들이 국내에 투자해서 뭔가 새로운 사업을 자꾸 벌여줘야 하는데, 기업들이 국내 투자에 나서질 않고 있거든요. 환율, 물류비용 등등 여러 가지 이유가 있겠지만 그 중 하나가 노사분규와 높은 임금입니다. 현대·기아차만 하더라도 해외 현지 공장은 계속 늘리고 있지만 국내엔 1996년에 아산 공장을 지은 이후론 국내엔 더 이상 공장을 짓지 않고 있거든요.

현대·기아차 전체 직원의 평균 임금이 9700만원 정도 됩니다. 다음 도표는 산업연구원에서 자동차 회사 매출액에서 인건비가 얼마나 차지하는지 주요국별로 조사한 자료입니다. 도표에서 보듯이 현대·기아차의 인건비가 상대적으로 높다 보니 국내에 또 다른 생산 공장을 짓는다는 건 채산성에서 맞지 않는다, 이렇게 판단하고

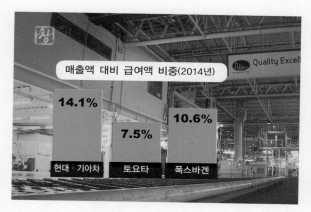

매출액 대비 급여액 비중(2014년)

14.1%
현대 · 기아차

7.5%
토요타

10.6%
폭스바겐

현대 · 기아차 매출액 대비 인건비 비중(2014년, 산업연구원 조사)

있는 거죠, 극심한 노사분규도 경영진 입장에선 질렸을
테고요. 그러다 보니 좋은 일자리가 생기질 않는 것이고
광주시가 그래서 역으로 제안을 한 겁니다. 현대, 기아
차가 어차피 전기차로 가야 할 테고, 그러려면 새 공장
도 어딘가엔 지어야 할 텐데, 광주 인근에 정규직 4천명
을 채용할 수 있는 전기차 생산 공장을 지어달라, 그러
면 임금을 기존의 울산이나 광주 자동차 공장의 절반 수
준인 4천만원 선에 맞춰주겠다. 그런데 같은 회사가 임
금을 이 공장 따로, 또 저 공장 따로 이렇게 별개로 적용

할 수 없으니 완전히 별도 법인의 독립된 자동차 생산 공장을 만들자, 이거였습니다.

연봉 4천만원이라는 액수는 광주시와 노동연구원이 사전조사를 해보니 지역 내 연봉 4천만원 일자리라면 기아차 본사 직원만큼은 아니지만 아주 괜찮은 일자리이고, 그 정도면 자동차 회사가 받아들일 수 있는 수준이라는 조사 결과였습니다. 물론 현재 물가 수준을 기준으로 4천만원 수준을 유지한다는 거지, 천년만년 4천만원으로 고정시킬 수는 없는 거죠. 또 이 자동차 회사가 영업이 잘돼 수익이 엄청나게 좋아지면 성과에 대한 보상은 협상을 통해 당연히 나눠야겠죠. 광주시와 전남 지역사회에선 대환영입니다. 가뜩이나 일자리 씨가 말라가는 판인데 이 정도 좋은 일자리가 새로 생겨난다니 말이죠.

그러나 예상하시겠지만 일단 기아차 노조가 반발했습니다. 자신들과 똑같은 기아차를 만드는데 저쪽 공장은 연봉을 절반만 받는다고 하면 어느 쪽으로 공격이 들어오겠습니까? 당연히 기존 현대·기아차 직원들 임금을 깎자는 빌미를 줄 수 있을 거 아니겠어요? 기존 기아차 노조 설득이 우선이어야 할 테고, 광주광역시는 기아차 광주 공장 노조지부장을 사업 추진단장으로 영입해 노조를 설득하는 데 성공했습니다.

기아차가 제 친정이지만 처음부터 기아차 조합원들하고 저하고 생각이 모두 같진 않았어요. 광주형 일자리다 하면 자세히 들여다보지도 않고 일단 뭐 4천만원이라 하더라, 또 반값임금으로 한다고 하더라. 이런 오해 때문에 반대를 했었는데, 내가 지금 연봉을 1억 받으니까 내 1억이 앞으로도 계속 유지돼야 할 것이고, 또 한편으로는 내 자식도 1억 받으면 좋겠죠. 그러나 현재 나는, 내가 노력해서 이 자리에 왔든 운이 좋아서 왔든, 나는 이 자리를 지금 지키고 있지만 내 자식은, 내 동생은 또 내 일가친척은 이 자리에 올 수 없다는 걸 모두 다 너무나 잘 알고 있습니다. 왜냐, 내 자식이 당장 2천만원짜리 부품업체에서 일하고 있으니까요….

박병규, 광주시 사회통합추진단장, 전 기아차 노조지부장

현재 기아차 노조는 광주형 일자리 공장에 대해 긍정적인 입장으로 돌아섰습니다. 우리나라 대기업 노조가 임금과 같은 중대한 이해관계가 걸려 있는 문제에 이처럼 양보한 것은 처음 있는 사례 아닌가 싶습니다. 저는 사실 기아차 노조가 받아들였다는 얘기를 듣고 이건 하나의 '사건'이다, 라고 생각했거든요.

노조를 설득했으니 다음엔 현대·기아차 경영진을 설득해야겠죠. 경영진 입장에서도 전기차 공장을 분명세계 어느 곳엔가는 새로 짓긴 지어야 할 겁니다. 새 공장 시설을 짓는데 광주시가 공장부지 진입로 등 인프라 건설 비용을 부담한다 해도 최소한 6천억원 이상 돈이 들어가야 할 텐데 현대·기아차가 아무리 큰, 세계적인 기업이라 해도 만만한 돈이 아닙니다. 평균 연봉 4천만원은 현대·기아차 경영진 입장에서도 경쟁력이 있다고 보고 있습니다. 그러나 광주시의 약속을 끝까지 보장받을 수 있겠느냐가 문제죠. 지금 당장이야 광주시장이 이 임금 수준을 보장한다 말하지만 민선 시장이야 언젠가는 바뀔 테고, 새 공장 직원들이 몇 년 지난 뒤 어떻게 태도를 바꿀지 누가 아나 이거겠죠. 차도 잘 팔리는데 우리도 옆에 있는 형님네 공장처럼 연봉 1억 달라고 하면… 그때 가서 되돌릴 수도 없고 말이죠. 이 때문에 현대·기아차가 공식적으론 가타부타 입장 표명을 하지 않고 있지만 경영진 내부에선 이 사업에 대해 부정적인 입장입니다. 광주광역시에선 광주시와 광주 시민들이 펀드를 조성하는 방법으로 일부 지분 참여를 통해서 경영에 참여하고, 임금 문제를 노사만이 아니라 지분을 갖고 있는 광주시와 지역 시민사회가 함께 결정하는 사회적 합의 구조로 만들면 광주시장이 바뀌더라도 약속은 유지될 수 있다고 설득하는 중이고요. 넘어야 할 산은 많고도 많아 보입니다.

그런데 말이죠. 사실 이 광주형 일자리 실험이 처음 시도되는 건 아닙니다. 과거 성공한 사례가 있었거든요. 바로 독일의 국민 자동차 기업으로 불리는 '폭스바겐'입니다. 폭스바겐 본사는 볼프스부르크라는 작은 도시에 있습니다. 2차세계대전이 한창이던 1939년 히틀러의 명령으로 폭스바겐 생산 공장이 지어졌는데 일단 커다란 굴뚝 4개가 인상적이죠? 자체 화력발전소 굴뚝이라는데 한 개는 아직도 발전소로 가동 중이라네요. 볼프스부르크 시 인구가 12만 명 정도 되는데 5만 명이 폭스바겐에 근무한다고 하니 지역사회에서 폭스바겐은 자동차 회사

볼프스부르크의 폭스바겐 본사

이상의 의미를 갖고 있습니다.

그런데 언제까지나 잘나갈 줄 알았던 폭스바겐도 독일 경제가 바닥이었던 1990년대 말 위기를 맞습니다. 영업이익이 추락하면서 경영 위기를 타개할 돌파구를 찾고 있었는데, 때마침 '투란'이란 새로운 모델의 미니밴을 개발했습니다. 당시 미니밴이 유럽에서 인기를 끌기 시작했거든요.

2001년 폭스바겐 경영진은 새로운 전략 모델 차종인 투란의 생산 공장을 독일이 아닌 동유럽에 건설하기로 결정합니다. 인건비가 훨씬 쌌으니까요. 당시 독일의 실업률이 18퍼센트까지 올라가 있는 상태에서 폭스바겐

폭스바겐의 미니밴 투란

의 해외 공장 계획은 그야말로 언론과 지역사회의 십자
포화를 맞았습니다. 기껏 국민기업으로 키워놨더니 어
려울 때 조국을 위해 뭔가 해볼 생각은 안 하고 외국으
로 내빼려 한다는 거였죠. 폭스바겐 경영진 역시 여론의
부담감을 느끼게 됐습니다.

이때 폭스바겐 경영진이 볼프스부르크 시와 지역 금
속노조에 역으로 제안한 것이 바로 '아우토5000'이란 실
험적 프로젝트였습니다. 원하는 대로 동유럽이 아닌 독
일 볼프스부르크 시에 '아우토5000'이란 일종의 폭스바
겐 자회사를 세워 투란을 생산하겠다, 그리고 여기서 5

천 명의 지역 내 실업자들을 채용하겠다. 대신! 월급을 5천 마르크, 우리 돈으로 약 350만원 선에 맞춰달라. 우리도 좀 남아야 할 거 아니냐, 이거었어요. 5천 마르크 월급은 당시 폭스바겐 본사 직원의 월급에 비해 20퍼센트 이상 낮은 액수였습니다. 자, 어떻습니까? 광주형 일자리랑 똑같죠? 아주 좋지는 않아도 괜찮은 일자리 만드는 데 기업이 투자하면 지역사회와 노조가 임금을 일정 부분 양보한다는 똑같은 콘셉트잖아요? 광주광역시가 이 콘셉트를 따온 거거든요. 다만 독일의 아우토5000과 달랐던 건 독일은 기업이, 즉 폭스바겐이 먼저 제안한 거고, 광주형 일자리 모델은 광주시가 제안했다는 게 다를 뿐이죠.

결론부터 말하자면 독일의 아우토5000은 크게 성공을 거둡니다. 그러나 여기도 시작부터 순탄했던 건 아니었죠. 일단 볼프스부르크 지역 금속노조가 절대 안 된다 선언합니다. 독일은 산업별로 임금 교섭을 한다고 했잖아요. 폭스바겐 본사는 물론 다른 자동차 부품 업체들까지 모두 비슷한 수준의 임금을 결정하는데 아우토5000만 별도의 싼(?) 임금을 예외로 두겠다는 거니, 이건 독일 임금체계의 근간을 흔드는 일이라는 거죠. 표면적 이유야 그렇지만 실제 독일 금속노조가 우려했던 건 결국 전체 자동차 산업계의 임금이 아우토5000 수준으로 내려갈 빌미가 될 거란 거였습니다. 넉 달 만에 협상은 결렬됩니다. 폭스바겐 경영진은 이만큼 통 큰 제안을 했는데도 노조가 거부했으니 우린 원안대로 다시 동유럽으로 간다는 거였고, 노조는 폭스바겐 경영진이 애초에 협상할 의사가 없었다고 서로 책임을 떠넘겼습니다. 아우토5000은 그렇게 물 건너갈 것처럼 보였습니다.

이때 독일 중앙정부가 나섭니다. 국가의 역할이 중요하다는 것이 바로 이런 부분이라니까요? 당시 독일 총리가 슈뢰더였습니다. 슈뢰더 총리가 보기에 아우토5000, 이거 참 괜찮거든요. 그런데 판이 깨질 것처럼 보이자 정부 개입을 결정합니다. 좌파 정당인 사회민주당 출신 슈뢰더는 총리로 선출되면서 당시 통일 후유증으로 '유럽의 병자'라고 불렸던 독일을 '사회적 혁명'으로 다시 일으켜 세우려 했고, 때마침 등장한 아우토5000 프로젝트를 '사회적 혁명'의 아젠다로 바라봤습니다. 금속노조와 폭스바겐 경영진 양쪽 모두에 다시 협상장으로 나올 것을 요구했고, 독일 언론들도 양측이 한발씩 양보해 상생의 기적을 만들라고 가세했습니다. 결국 2001년

게르하르트 슈뢰더 전 독일 총리

8월 말, 협상이 타결됩니다. 2002년 아우토5000이 폭스
바겐의 별도법인 형태로 세워졌고, 약속대로 5천 명 직
원을 뽑는데 지원자가 4만 명이나 몰렸다고 합니다.

투란은 출시되자마자 큰 성공을 거둡니다. 'Made in
Germany'로 품질은 좋은 데다, 판매가도 우리 돈 약
2600만원 정도로 다른 비슷한 차종에 비해 저렴한 편이
었죠. 인건비가 덜 들었으니까요. 2005년엔 독일에서 가
장 많이 팔린 차로 선정되기도 했습니다. 폭스바겐 경영
진은 2007년 새로 개발한 신차 '티구안'도 본사가 아닌

아우토5000 생산라인

아우토5000 공장에서 생산하기로 결정합니다. 괜찮았거든요. 티구안 역시 상대적으로 싼 가격에 내놓아 한국에서도 많이 팔릴 정도로 인기를 끌었습니다. 우려했던 폭스바겐 본사 근로자와의 갈등은 발생하지 않았습니다. '노'도 살고 '사'도 사는 상생이 가능하다는 실례를 보여 줬습니다. 아우토5000은 2009년 폭스바겐 본사와 합병됩니다. 아우토5000 프로젝트가 원래 목표 성과를 두고 일정 기간만 진행하기로 합의한 단기 실험적 프로젝트였던 데다, 투란과 티구안이 워낙 잘 팔려 성과급이 많이 지급되다 보니 폭스바겐 본사 직원과 임금 차이가 거의 없어지게 돼 굳이 회사를 두 개로 운영할 필요가 없다는 이유였죠. 암튼 아우토5000 실험은 독일 산업사회에서 노사의 양보와 타협이 일자리를 만들었을 뿐 아니라 기업의 경쟁력도 높인 모범사례로 평가받고 있습니다.

다시 광주형 일자리 얘기로 돌아와보죠. 우리는 독일의 아우토5000과 같은 성공이 불가능할까요? '광주형 일자리' 모델은 좋은 일자리의 씨가 말라가고 있는 지역사회가 내놓은 일종의 사회적 합의 모델이라고 할 수 있습니다. 어차피 자동차 시장이 내연기관에서 전기차로 옮겨가고 있으니 자동차 회사 입장에선 새 공장을 세계 어딘가엔 지어야 할 테고, 일자리가 부족한 지역사회 입장에선 상대적으로 낮긴 하지만 그리 나쁘지 않은 임금으로 새 일자리를 만들 수 있으니 이거야말로 누이 좋고, 매부 좋은 일 아니겠어요? 양측을 객관적으로 취재하는 제3자 입장인 제가 봤을 때 콘셉트 자체는 정말 괜찮은 것 같아 보이더라고요.

그런데 이뤄질 수 있겠느냐? 광주시가 광주형 일자리 도입을 추진하면서 컨설팅과 현장조사 등을 의뢰한

곳이 한국노동연구원입니다. 노동부 산하의 국책연구기관이죠. 컨설팅을 담당했던 박명준 연구원은 자식 세대를 생각해서라도 성공했으면 좋겠으나 현실적으로 넘어야 할 산이 참 많겠구나 하는 걸 느꼈답니다.

당연히 이 안은 현재로선 이거 뭐, 조금만 가다 보면 분명히 난관이 있을 것 같은, 고개를 하나 넘으면 또 다른 고개가 나올 것 같은… 분명 뻔해요. 저희가 보기에도 당연히 그렇거든요. 하지만 그렇다고 이 길을 안 갈 것인가라는 문제… 그러면 이 길이 아니라면 뭐가 있겠는가? 여전히 파편화된 방법, 중앙정부가 그냥 변죽만 울리는 여러 가지 보조금 만들어주면서 고용 장려하는 제도 만들거나, 아니면 정치적으로 기업들에게 압력 넣어 가지고 일부 일자리 만드는 척하고…. 그런데 이런 건 다 지속 가능하지 않은 방식이거든요. 이런 식으로 계속 땜빵하는 방식으로 문제를 처방해나갈 것이냐라는 문젠데, 근본적으로는 광주형 일자리 시도는 저는 크게 봐서 우리나라 자본주의에 건강한 시장경제, 또 여러 가지 평등적인 가치, 이런 것들이 결부되면서도 지속 가능한 중요한 고용 모델링의 단초가 될 수 있다고 보거든요.

박명준, 한국노동연구원 연구위원

광주형 일자리 모델이 성사될 수 있을지는 지켜봐야겠지만 어쨌든 일차적으로 노조가 쿨하게 'OK!' 했다는 것, 사실 이것만 해도 저는 기적에 가깝다고 생각합니다. 여태껏 봐왔던 대기업 노조의 모습과는 달랐거든요. 다만 엄청난 돈을 투자해야 할 대기업 자동차 회사가 지역사회를 믿고 뛰어들기엔 아, 이거 좀 어렵지 않겠나 싶기는 합니다. 그렇지만 가능성을 만들어야 한다고 생각합니다. 독일도 온갖 걸림돌을 헤치고 이뤄냈잖아요?

그리고 꼭 성공했으면 하고 바라는 또 한 가지 이유가 있습니다. 광주형 일자리가 추구하는 또 한 가지, 더어려운 일이지만 진짜 중요한 일이 있거든요. 그게 뭔지는 다음 장에서.

과실을 나눌 때 더 많은 과실을 수확할 수 있다

기업은 일자리를, 근로자는 임금을 서로 한 발짝씩 양보한다는 개념과 함께 광주형 일자리 모델이 시도하는 또한 가지 중요한 실험이 바로 '지역 연대임금' 제도입니다. 이 얘기를 들었을 때 정말로 무릎을 탁! 하고 쳤거든요. 이게 뭐냐면, 매년 임금 협상을 대기업 자동차 공장 본사는 본사대로, 또 납품하는 중소 협력업체들도 각자 업체들끼리 각자 따로 해왔잖아요? 이걸 다 같이, 그러니까 자동차 본사와 수백여 개 하청업체들이 같이 임금 협상을 해보자는 겁니다.

예를 들어서, 새로 설립된 자동차 공장이 잘 운영돼서 이익이 천억원이 남았다. 그러면 천억원의 이익금에 대해 올해 신규 투자금은 얼마로 하고, 경영진과 지분 투자한 지역사회 배당 나눠주고, 또 본사 직원들 성과급 얼마, 이렇게 나누는 것뿐 아니라 부품을 공급한 하청업체 직원들 성과급(또는 임금 인상분)도 같이 나누자는 거예요.

지금까지 본사가 독식했던 성과의 과실을 하청업체들과도 함께 나누자. 이게 '지역 연대임금' 제도거든요. 그래서 몇 년이 걸릴지는 모르겠지만 궁극적으론 자동차 본사뿐 아니라 본사만을 바라보고 사는 하청업체들 임금까지도 광주형 일자리가 제안한 평균 연봉 4천만원 수준으로 맞춰 임금격차를 없애자는 겁니다. 유럽과 같은 완전한 동일노동, 동일임금을 도입하는 건 현실적으로 너무 부담스러우니 우선 좀 작은 규모로 특정 지역에서 먼저 시작해보자는 거죠.

수확한 과실을 나눌 때 다음 해 더 많은 수확을 기대할 수 있습니다. 과실을 나누면 일단 자동차 부품을 납품하는 협력업체, 하청업체들의 이익이 올라가겠죠. 그러면 하청업체 직원들 임금도 올려줄 여력이 생기게 될 것이고, 숙련공이 저임금에 그만두고 나가는 일도 줄어들 겁니다. 또 하청업체들에게 여유가 생기니 기술혁신이나 제품 개발에 눈을 돌릴 수 있을 테고, 이는 곧 납품 계약을 맺은 완성차 회사 본사의 경쟁력으로 이어져 더 많은 과실을 수확할 수 있다는 거죠. 독일 자동차의 경 쟁력이 벤츠나 BMW 혼자만 잘나서 그런 게 아니라니까 요?

처음 광주광역시에서 지역 연대임금을 꺼내들었을 때 내부에서도 이견이 있었다고 해요. 당장 현대·기아 차 끌어들이는 것도 쉽지 않은데, 하청업체들까지 임금 을 연대한다는 것이 가능하겠느냐, 너무 이상적이다, 말 로는 그럴싸하지만 현실성 없는 얘기다 등등…. 그러나 현재 우리나라 자동차 회사들의 수직적 생산구조와 임 금격차로는 단언컨대 한국 자동차 산업은 절대 지속 가 능할 수 없습니다.

뒤의 표는 광주광역시 의뢰를 받아 한국노동연구원 이 광주지역 기아차와 협력업체들 임금을 조사한 건데 한번 보시죠. 뭔가 잘못됐다는 생각 막 들지 않나요? 기 아차 직원 평균 임금이 9700만원, 준대기업에 속하는 1 차 협력업체만 해도 4800만원으로 그나마 괜찮은 편입 니다. 2차 협력업체로 가면 평균 연봉이 2800만원으로 떨어지고, 특히 이른바 사내하청, 또는 사내도급으로 불

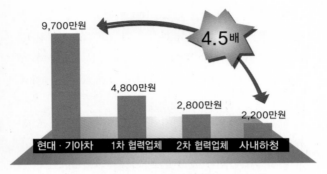

9,700만원

4.5배

4,800만원

2,800만원

2,200만원

| 현대 · 기아차 | 1차 협력업체 | 2차 협력업체 | 사내하청 |

기아차와 협력업체의 임금격차(2015년 한국노동연구원)

리는 비정규직 평균 연봉은 2200만원으로 본사 직원의 4.5배까지 벌어집니다. 시간 외 수당, 휴일 수당 등을 모두 포함한 액수니 거의 최저임금이라 보면 됩니다.

사내도급이라는 언뜻 들어선 뭘 말하는지 모를 것 같은 이 독특한 일자리 구조는 사실 자동차 산업뿐만 아니라 조선, 전자, 기계 등 우리나라 대부분 제조업에 광범위하게 퍼져 있습니다. 그 이유는 싼값에 인력을 부릴 수 있기 때문이고, 그렇다 보니 법적으론 합법이지만 실제 운영은 대부분 불법입니다. 예전 어르신들 하는 말로 실제 일은 다른 사람이 하는데 돈은 엉뚱한 사람이 벌어간다고 할 때 흔히 '왕서방'이라고 하잖아요? 사내하청, 사내도급업체들이야말로 진정한 왕서방이더라고요. 다음 장에서 왕서방 얘기를 한번 해볼게요.

노동시장의 왕서방

법적으로 허용되는 사내도급(또는 사내하청)이란 이런 겁니다. 예를 들어 조선소에서 큰 배를 만들어요. 여러 가지 작업이 있겠죠. 조선소 내 커다란 작업장 부지에서 한쪽에선 스크류 부분을 만들고, 한쪽에선 배의 선수 부분을, 또 다른 한 켠에서 선미 부분 만들고 또 엔진을 만드는 작업도 있을 테고 등등, 각각 부분별로 작업한 뒤 최종적으로 조립해서 배를 만들거든요.

그런데 배 만드는 회사 혼자서 이 작업을 다 할 수도 있겠지만 효율성이 떨어지니까. 스크류 제작을 잘하는 회사가 있다면 그 회사에 하도급(일종의 하청)을 주는 거예요. 우리가 이러이러한 모양과 성능의 스크류가 필요한데 당신들이 스크류 전문가라니 만들어서 납품 해라. 말 그대로 하청을 주는 거죠. 다만 조선소 밖의 다른 작업장에서 만들면 크고 무거워서 나중에 운반하기도 힘들고 하니, 조선소 내 작업장 한 켠에 자리를 만들어 줄 테니 거기 들어와서 스크류를 만들어주시오. 그래서 사내하청 또는 사내도급이라는 거거든요. 스크류 전문 업체가 비록 원청인 조선사 작업장 내에 들어가 일하지만 완전히 독립적으로 직원들을 고용해 작업 지시를 내리고, 월급을 주게 돼있습니다. 원청사인 조선사는 사내도급업체 직원들에게 이래라저래라 직접 일을 시키면 안 된다는 거죠.

그래서 사내도급이 처음 도입된 70년대엔 사내도급 업체들이 전문성을 인정받아 원청사와 대등한 위치에 있었고, 도급업체 직원들이 능력을 인정받으면 원청사인 대기업 직원으로 채용되는 일종의 창구 역할도 했습니다. 문제는 1997년 IMF 이후부터였습니다. IMF 체제를 겪으면서 한국 산업구조의 여러 가지가 근본적으로 아주 좋지 않은 방향으로 바뀌었는데 이 사내도급 제도도 이때부터 변질되기 시작했습니다. 당시 나라 경제가 절단 났으니 기업들, 특히 대기업을 어떻게든 살려서 달러를 벌어들여야 하는 게 지상과제였거든요? 달러만 벌어들일 수 있다면 어지간한 편법은 다 허용해주고 눈감아주는 분위기였습니다. 기업들이 정규직 인력 규모를 줄이면서 대신 필요한 인력을 사내도급을 이용해 충당하기 시작했습니다. 같은 작업장 내에서 일하더라도 전문성을 인정해 완전히 독립적인 하청을 주는 방식이 아니라, 인력만 사내도급업체를 통해 공급 받고 원청회사 직원들과 뒤섞여 같은 일을 하고 작업 지시도 원청회사가 시키는 방식으로 말이죠. 이렇게 되면 어떤 사장님이 비싼 월급 줘야 하는 정규직 직원을 채용하려 하겠어요. 사내하도급으로 그때그때 필요할 때만 인력 데려다 쓰면 되는데…. 일하다 다치거나 사망하더라도 원청 입장에선 책임질 필요도 없고 말이죠. 이렇게 될까봐 법으로 사내도급 범위를 엄격하게 제한해 뒀던 거거든요. 이게 IMF 이후 허물어지기 시작했습니다. 일단 기업을 살려야한다는 명분으로 말이죠.

물론 지금도 법적으론 이런 식으로 사내도급 제도를 이용하면 불법입니다. 그러나 느슨한 처벌과 단속, 또 갖가지 편법으로 제조업 분야, 특히 기계, 금속, 철강 산업에선 불법과 편법 사내도급이 판치고 있습니다. 실상을 한번 들여다보겠습니다.

꽤 규모가 있는 중견 자동차 부품업체 P사에서 사내도급 직원으로 일하고 있는 박○○ 씨를 만났습니다. 40대 초반으로 사내도급업체에서 일한 지 11년째였습니다. P사에서 자동차 강판 도장 작업을 하는데 원래는 부품업체의 정규직원들과 같은 일을 하면 안 되지만 실상은 뒤섞여 같은 작업 라인에서 같이 작업한다고 합니다. 작업 지시도 물론 원청인 P사 작업반장에게 받고요. 모두 불법입니다. 공장 안에서 일하는 형태로만 보면 누가 P사 정규직원이고 사내도급 직원인지 전혀 구분할 수 없다고 합니다. 그러나 월급 탈 때 차이는 분명해집니다. 다음 사진은 박 씨의 월급명세서입니다. 일당 47533원, 2016년 기준 최저임금입니다. 야간작업수당과 휴일수당 등으로 188만원 조금 넘게 받았습니다. 같은 작업을 하는 원청인 P사의 정규직은 기본급도 높은 데다 1년마다 호봉이 올라가지만 박 씨와 같은 사내도급 직원은 경력이 10년이든, 20년이 됐든 아니면 엊그제 막 들어온 사람이든 월급은 모두 똑같은 최저임금입니다.

			2016 년 08월분 급여 명세서			
성 명						

항 목	일 당	공수	금 액 (원)	공제 항목	금 액 (원)
기 본 급 여	47,533	18	855,594	갑 근 세	69,879
유 급 금 액	69,209	13	899,719	주 민 세	5,988
야 간 근 로 수 당		3	103,814	국민연금	88,330
휴 일 근 로 수 당		1	103,814	의료보험	69,041
연 장 근 로 수 당		0		고용보험	13,764
난 지 /유 급 수 당		0		조 합 비	121,000
휴 일 야 간 수 당				가불공제	500,000
학 교 대 수 당		4	34,605		
현 장 대 리 수 당					
생 산 장 려 수 당			10,000	공 제 액	869,002
야 간 차 조 휴 무		0			
가 족 수 당					
변 근 수 당			70,000		
연 차 수 당			10,000		
휴 사 /유 가					
근 속 수 당			30,000		
기 타 지 급				** 2016년 누적·13일근 사용현황	
급 여 계			1,888,471	항 목	부여	사용	잔여
상여금				년차	19	19	
총 합 계			1,888,471	유급	9	9	

귀하의 노고에 진심으로 감사드립니다.
2016. 8. 25
산 업   대 표

사내도급 직원 박 씨의 월급 명세서

> 일반 직장처럼 호봉이나 뭐 이런 건 전혀 없어요.
> 대한민국 제조업체에서 사내도급에 호봉제 있다는
> 데는 아직 저는 들어보지 못했어요.
>
> 박○○ , 자동차 부품 사내하청 11년차

박씨와 같은 경력의 P사(원청사) 정규직원 같은 경우
똑같은 일을 하지만 월급은 100만원가량 더 많습니다.
경력이 오래된 원청사 직원 같은 경우 두 배까지도 차이

난다고 합니다. 그러다 보니 원청사인 P사는 몇 년전부터는 정규직 직원을 아예 뽑지 않습니다. 최저임금으로 일 시킬 수 있는 사내도급으로 필요 인력을 모두 충당하고 있는 거죠. P사만 그런 게 아니라 대부분 험한 일 하는 제조업들이 다 마찬가집니다.

그런데 말이죠. 아무리 단속이 느슨하다고 해도 그렇지, IMF 시절에야 그렇다 쳐도 요즘에까지 이런 불법이 그렇게 광범위하게 성행할 수 있겠느냐. 여기서 불법을 합법화시키는 편법이 등장합니다. 박 씨가 속한 사내도급업체 기록을 자세히 살펴보니 한 가지 이상한 점이 있었습니다. 박 씨는 회사를 옮긴 적이 없는데 박 씨를 고용하고 있는 사내도급업체는 회사명이나 회사대표 이름이 1년마다 계속 바뀌더라는 거죠. 등기국에 가서 확인해봤더니 2012년 A사였던 것이 2013년 B사로, 또 2014년엔 회사 대표가 바뀌더니 2015년엔 회사 이름을 다시 C사로 바꿉니다. 그리고 2016년엔 사장 이름이 또 바뀝니다. 일하는 직원들은 똑같은데 회사 이름이나 대표만 해마다 계속 바뀝니다.

회사 이름 바뀐 것도 (도급업체) 직원들은 대부분 몰라요. 말 안 해주니까, 언제 아냐면 이제 월급 나올 때 명세서에 회사 이름이 다르게 찍혀 나오거든요. 내 이름은 맞는데 회사 이름이 달라, 그럼 아, 회사 이름이 또 바뀌었구나. 그때 알게 되는 거죠.

박○○, 자동차 부품 사내하청 11년차

박 씨가 속해 있는 사내도급업체 사무실을 찾아가봤습니다. 뜻밖에도 새로 사장이 된 사람은 사내도급업체 직원 중 한 사람이었습니다. 사장이 된 뒤에도 원래 일하던 자동차 강판 용접 작업을 계속하고 있었습니다. 새 사장은 또 뜻밖의 얘기를 털어놨습니다.

제가 지금 명의상 사장으로 돼 있지만, 이런 말하기가 좀 그런데… 저도 지금 명의만 빌려준 거예요. 김XX(전 사장)한테…. 지금 형식적으로는 어떻게 보면 제가 여기 회사 대표이사지만 실질적으로 여기 도급업체를 운영하는 건 김XX(전 사장)이거든요.

장○○, 사내도급업체 대표

전임 사장이 실질적으로 계속 사장이고 자신은 이름만 빌려준, 속칭 바지사장이라는 거예요. 더구나 김XX라는 전임 사장은 이 사내도급업체에서 고문 직함으로 여전히 있었습니다. 그런데 여기만 그런 게 아니라 거의 모든 사내도급업체들이 사장을 바꾸거나 업체 이름을 1, 2년마다 바꾸고 있더라고요. 등기도 새로 해야 하고 뭐 하러 복잡하게 이 짓거리를 하나 싶었는데, 그럴 만한 이유가 있었습니다.

2012년에 중요한 사건이 하나 발생합니다. 현대자동차가 울산 현대차 공장에서 사내도급 신분으로 일하던 4천여 명을 현대차 정규직으로 한꺼번에 채용해버린 거예요. 당시 현대차 완성차 공장도 정규직 직원을 뽑는 대신 사내도급으로 인력을 많이 충당했거든요. 그런데 사내도급으로 현대차 공장에서 일하던 사람들이 소송을 낸 거예요. 우린 현대차 생산라인에서 현대차 정규직 직원과 똑같은 일을 같이 하고 있다, 그러니 현대차가 불법을 저지르고 있는 거니 정규직으로 채용해달라고 말이죠. 2년간의 소송 끝에 결국 대법원은 사내도급업체 직원들의 손을 들어줬습니다.

당시 대법원 판결문입니다.

정규직과 같이 근무하는 사내도급(하청)업체 노동자들은 2년이 경과했다면, 현대자동차 정규직 직원으로 봐야 하므로 채용의 의무가 있다.

2010년 7월, 대법원 판결

대법원 판결로 현대차는 사내도급으로 울산 공장에 들어와 일하던 도급업체 직원들을 어쩔 수 없이 정규직으로 채용해야 했고, 전국의 비슷한 사정 아래 놓여 있던 수많은 제조업체들에겐 비상이 걸렸습니다. 대법원 판례가 생겨버렸으니 그동안 싼값에 일 시켰던 사내도급 업체 직원들이 원청회사를 상대로 소송 걸어버리면 꼼짝없이 정규직으로 채용해야 하는 거잖아요? 방법은 하나밖에 없었습니다. 도급업체 통해서 공급 받은 인력이 2년이 경과되지 않게 만들면 되는 거잖아요? 그러려면 1, 2년마다 사내도급업체를 바꿔서 새로운 인력들을 데려와 써야 하는데, 이건 좀 문제가 있다는 거예요. 일이라는 게 아무리 단순작업이라 할지라도 숙련도라는게 필요한 건데, 숙련된 인력들을 1, 2년마다 바꾸는 건

효율이나 생산성 면에서 당연히 떨어질 것 아니겠습니까? 대신 도급업체 이름만 매년 바꿔버리는 방법을 택합니다. 아니면 도급업체 사장을 바꾸든지. 그러면 서류 상으론 새로운 도급업체와 계약을 체결해 도급을 맡긴 것으로 되니까 소송에 걸려 정규직으로 채용하지 않아도 된다는 거죠. 물론 숙련공들은 여전히 최저임금으로 계속 쓸 수 있는 거고요. 기막힌 방법이죠? 하여튼 잔머리 하나는 우리나라 사장님들 따라갈 수가 없습니다.

물론 사내도급으로 최저임금 받으며 일하는 근로자들도 회사가 이런 편법을 쓰고 있다는 거 잘 알고 있습니다. 그거 모르겠어요? 그럼 왜 알면서도 문제 삼지 않느냐 물어봤거든요.

2년 지나면 원청회사 직원으로 정규직 시켜줘야 한다는 거, 사내도급업체에서 좀 오래 일해본 사람들은 다 알거든요. 근데 되는 사람이 없어요. 법적으로 문제를 삼거나, 원청사에 직접 정규직 시켜달라고 잘못 말하면 그나마 있는 도급업체에서 바로 잘릴 테고, 어차피 여기서 잘리면 다른 사내도급업체 알아봐서 똑같이 최저임금 받는데 뭐 하러 문

제를 일으키겠어요. 원청회사 상대로 소송을 건다
해도 몇 년이 걸릴 텐데, 우리 같은 힘없는 개인이
소송을 어떻게 걸겠어요, 소송도 공짜로 하는 것도
아니고, 더구나 이긴다는 보장도 없는데….

최○○, 사내도급업체 직원

그런데 말이죠. 이런 편법이 가능하려면 원청회사가
사내도급업체 사장에게 요구할 수 있어야 하잖아요. '당
신네 업체 직원들이 우리 회사에 정규직으로 채용시켜
달라고 소송 걸 수 있으니 업체 이름을 바꿔라, 아니면
사장을 딴 사람으로 바꾸든가' 뭐 이렇게 말이죠. 그러
다 보니 원청회사가 아무 업체하고 사내도급 계약을 맺
지 않습니다. 둘이 서로 끈끈한 관계가 있어야죠. 그래
서 대개 원청회사 친인척이나 퇴직한 임원, 뭐 이런 사
람들이 도급회사 하나 차리고 인력을 원청회사에 공급
합니다. 앞에서 봤던 P사의 사내도급업체 사장, 새로 바
뀐 바지사장 말고 실제 사장인 김XX라고 있었잖아요?
이 사람도 알고 보니 원청사인 P사 부회장의 친척이었
습니다.

사내도급업체 하나 차린 뒤, 원청회사 줄 대서 인력

공급해주면 관리 · 교육비 명목으로 인력 한 사람당 얼마씩 챙길 수 있으니 이거야말로 땅 짚고 헤엄치는 장사 아니겠어요? 도급업체를 가장한 인력공급업체, 진짜 왕서방 아닌가요? 제조업체에서 근로자가 필요하면 정식으로 채용하면 될 텐데, 필요한 인력을 굳이 중간 관리비까지 줘가며 사내도급업체라는 중간 단계를 거쳐 데려다 쓰는 데는 인건비를 착취하겠다는 의도도 있고, 또 사고가 나서 근로자가 다치거나 죽어도 원청회사는 책임지지 않아도 된다는 이점(?) 때문입니다.

도대체 누굴 위해 이런 왜곡된 일자리 구조를 방치하는 건가요? IMF 때야 그나마 이해한다고 해도 지금 이게 맞습니까?

동반성장 = 공산주의?

두 번째 주제도 끝을 향해 가고 있습니다. 흔히 하는 말이지만 결코 쉽지 않은 어쩌면 우리 역사상 한 번도 실천해 보지 못한 '상생'을 얘기해보고자 합니다.

한국 사회에서 불평등은 있는 집 자식으로 태어났느냐, 없는 집 자식으로 태어났느냐보다 임금격차 즉, 소득의 차이에 더 기인한다는 연구 결과가 있습니다(장하성, 《왜 분노해야 하는가?》, 2015년 출간). 대기업과 중소기업의 종속적이고 착취적인 갑을관계에서 비롯되는 노동자들의 임금격차, 이걸 해결하지 않고서는 한국 산업, 한국 경제의 미래는 없습니다.

몇 번의 시도는 있었습니다. 2010년 이명박 정부 시절에 '동반성장위원회'라는 대통령 직속 기구가 만들어집니다. 전 솔직히 그분이 이 위원회를 왜 만들었는지 아직도 아리송한데, 암튼 당시 정운찬 전 서울대 총장이 위원장을 맡았습니다. 동반성장위원회가 자신들이 추진하겠다고 발표한 첫 번째 사업이 '초과이익 공유제도' 도입이었습니다. 쉽게 말하자면 재벌 대기업들이 너무 많이 벌어들이니까, 대기업마다 우리가 올해 목표로 하는 이익은 얼마다 이렇게 정해놓고, 연말에 이것보다 더 많은 이익이 남았다면 중소 협력업체들에게 좀 나눠주라는 거였어요. 대기업과 중소기업들이 지들끼리 알아서 '상생'하면 좋겠는데, 그럴 기미가 안 보이니 정부가 나서서 상생을 강제하겠다, 라는 거였거든요. 재벌 대기업들의 반발은 뭐 말하지 않아도 다 아시겠죠? 그때 유명한 말도 튀어나옵니다. 삼성 이건희 회장이 출근길에 초과이익 공유제에 대해 어떤 생각이냐는 기자들의 질문에 답한 말입니다.

내가 기업가 집안에서 자랐고, 학교에서 경제학 공부를 계속해왔는데, 초과이익 공유제라는 말은 들어보지도 못했고, 이해도 안 가고, 도무지 무슨 말인지를 모르겠다, 자본주의 국가에서 쓰는 말인지 공산주의 국가에서 쓰는 말인지를 모르겠다 이 말씀입니다.

이건희 삼성그룹 회장(2011년 3월 10일)

전경련은 초과이익 공유제를 제도화하는 나라는 없다며 동반성장위원회 불참을 선언했고, 결국 위원회가 야심차게 추진하려던 첫 번째 제도 도입은 무산됐습니다. 그런데 말이죠. 이건희 회장이 그동안 해왔던 발언들을 한번 되돌아볼까요?

삼성의 협력업체도 바로 삼성 가족입니다. 그들에게 인격적인 대우와 적극적인 지원을 해주어 회사와 협력업체가 하나의 공동체이며 한 가족이라는 자부심을 느끼도록 해줌으로써 참된 공존공영을 이룩하는 것 또한 인간 중시 경영의 하나라고 저는 믿습니다.

(1989년 1월 신년사)

그룹의 주력 업종이 양산 조립업인 점을 감안하면 협력업체의 중요성은 더욱 커집니다. 따라서 협력업체와는 예술 차원으로까지 끌어올려야 한다. 회사에서도 자금·기술·관리 등 경영 전반에 대해 적극적으로 지원하면서 삼성 가족의 일원으로 대해야 합니다.

(1993년 신경영 선언)

파이를 독점하는 이기주의는 일시적으로 득을 보는 것 같으나 장기적으로는 모든 것을 잃는다. 협력해서 파이를 더 키워 나누는 상생의 지혜가 필요하다.

(1997년 저서 《생각 좀 하며 세상을 보자》)

저는 20년 전부터 이 얘기를 해왔습니다. 중소기업을 돕는 것이 대기업에도 도움이 됩니다. 협력업체는 삼성 공동체의 일원이며, 경쟁력의 바탕이기 때문에 협력업체가 더 강해질 수 있도록 지원과 노력을 아끼지 말아야 할 것입니다.

(2011년 1월 신년사)

한국에서 가장 돈을 많이 버는 기업은 다 아시겠지만 삼성전자입니다. 삼성그룹엔 'PS'라는 제도가 있습니다. 'Profit Sharing'의 약자인데, 그대로 해석하면 '이익을 나눈다'는 거죠. 삼성그룹의 각 계열사가 연초 수립한 목표를 초과해 달성하면 초과이익의 20퍼센트 내에서 각 임직원들 개인연봉의 최대 50퍼센트를 지급하는 성과급 제도입니다. 매년 2조원가량이 PS로 풀리는데, PS가 지급되는 날이면 삼성 각 계열사 정문마다 자동차 영업사원, 오피스텔 분양사들이 진을 친다고 합니다. 두둑하게 돈 받았으니 이참에 자동차 한 대 새로 뽑거나 임대용 오피스텔 하나 사두라는 거죠. 그러나 PS는 삼성그룹 계열사 내부 임직원용이지 수많은 삼성의 협력업체들에게는 그림의 떡입니다.

대기업과 중소기업의 동반성장을 말할 때 대기업에 대한 공격용으로 흔히 들고 나오는 것이 사내유보금입니다. 최근 몇 년간 신문, 방송에서 하도 많이 나오는 용어라 한두 번은 들어보지 않았을까 생각됩니다. 사내유보금의 뜻은 '기업들이 사내에 보유하고 있는 현물자산'이란 뜻인데, 2015년 30대 대기업들의 사내유보금 규모가 753조원으로 사상 최대치를 기록했습니다.

물론 이 돈을 기업들이 다 현금으로 금고에 쌓아두고

대기업 사내유보금(2015년 기업공시)

있다는 의미는 아닙니다. 재벌 대기업들도 사내유보금 얘기가 나오면 753조원이 금고에 있는 것이 아니라 상당 부분은 공장 짓고 기계설비 사들이고, 또 부동산을 사거나 채권 등 금융상품에 투자돼 있다고 항변합니다. 그렇다 해도 여전히 주식이나 단기 채권 등 현금이나 다름없는 금융상품이 사내유보금의 1/4 이상을 차지하고 있는 걸로 봐선 대기업들이 지금 여력이 없는 건 아닙니다.

예를 들어서 대기업들이 보유하는 사내유보금 중에서 0.5퍼센트 정도만을 밑으로 내려보낸다고 하면 그것이 2차, 3차 협력업체의 경우에는 임금을 15퍼센트에서 20퍼센트 이상 올릴 수 있는 힘이 돼요. 대기업들은 지금 충분히 그렇게 할 여력이 있는 거죠. 그걸 저는 강제해야 된다고 봅니다.

임금 격차가 더 심해지면 다음 세대 청년들은 거의 뭐 정말 '포기로부터 오는 행복'을 느낄 정도로 상황이 악화될 텐데, 그러한 기업들의 사내유보금 초과 보유에 대해 세금을 부과하는 정도가 아니라 저는 정부가 원청과 하청 중소기업 간의 임금을 직접 조절하는 단계까지 가야 된다고 봅니다.

장하성, 청와대 정책실장, 고려대 경영학과 교수

박근혜 정부 당시에도 근로자들의 실질 소득을 높이는 데 이 사내유보금을 활용해보는 방안을 찾아봤습니다. 대표적인 게 2014년 최경환 당시 경제부총리가 도입한 '기업소득 환류세제'였습니다. 어려운 말 쓰지 않으려고 최대한 노력하고 있는데 이 말도 무척이나 이해하기 힘듭니다. 쉽게 말하면 쓰지 않은 사내유보금은 앞으로 세금 매기겠다, 이겁니다. 사내유보금은 아무리 많이 쌓아두고 있어도 여기에 세금을 매기진 않거든요. 원래부터 세금이 없었던 건 아니고 2000년까진 사내유보금을 너무 많이 쌓아두면 세금으로 떼어갔었는데, 기업들이 영업이익에 대해 법인세도 내는데 사내유보금까지 세금 떼어가는 건 이중과세 아니냐, 이렇게 문제를 제기하면서 2001년부터 과세가 폐지됐습니다.

이때부터 재벌 대기업들의 사내유보금은 폭증하기 시작합니다. 당연한 일이죠, 그전까진 가지고 있어봐야 어차피 세금으로 떼일 텐데 차라리 직원들 보너스로 주거나 하청업체들 납품 단가 올려주거나 이렇게 생색이라도 냈을 거 아니에요? 그런데 세금 안 떼겠다 하니 쓰질 않고 그냥 쌓아두는 거죠.

그래서 정부가 꺼내 든 게 '기업소득 환류세제'였습니다. 기업들이 한 해 벌어들인 이익의 최소한 80퍼센트까지는 암튼 뭐라도 좀 써라. 첫 번째, 직원들 임금을 인상해주거나, 두 번째, 일자리를 늘리기 위한 설비투자에 쓰거나 아니면 세 번째 방안으로 주식 배당에라도 사용해라, 안 그러면 80퍼센트 기준에서 미달하는 금액의 10

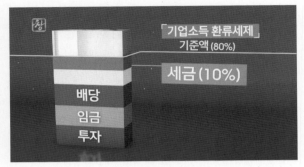
기업소득 환류세제

퍼센트는 세금으로 부과하겠다는 제도입니다. 위 그래
픽으로 보면 좀 더 쉽게 이해가 가실라나요?

결과는 어땠을까요? 첫째 임금 인상이나 둘째 투자
는 제쳐두고, 셋째 방안인 주식배당액이 급증하기 시작
했습니다. 원래 우리나라 주식시장이 배당에 극히 인색
하잖아요? 주식하는 사람들 대부분이 시세차익이 목적
이지 배당을 받기 위해 주식 하는 사람 별로 없거든요.
시행 첫 해인 2015년 국내기업들이 주주들에게 배당으
로 지급한 돈은 20조 3천억원으로 사상 최대치를 기록
했습니다. 주식은 돈 많은 사람들이 많이 가지고 있을
수밖에 없고, 결국 근로자의 실질 소득을 좀 올려주겠다

고 시행한 기업소득 환류세제의 혜택은 없는 사람들보다 있는 사람들의 지갑을 더 두툼하게 만들어줬습니다.

기업들도 정부의 정책을 무시하기는 어려웠을 거고요. 기업들의 입장에서는 정부가 조건으로 내세운 임금이나 혹은 투자, 배당 중에 선택을 해야 된다면 사실 배당이 상대적으로 부담이 가장 적거든요. 투자 같은 경우엔 마땅한 투자처를 찾아내기가 굉장히 어려운 상황이고요. 그리고 임금 같은 경우엔 한 번 올리고 나면 나중에 회사가 어려워진다고 해서 다시 내리는 경우는 잘 없잖아요. 그런 측면에서 봤을 땐 기업들이 다른 두 가지 요소보다는 배당을 통해서 그러한 부담을 축소해나가는 것은 굉장히 자연스러운 결과였죠.

황세운, 자본시장연구원 실장

그런데 국내 기업의 사내유보금이 이렇게 폭증하기 시작한 것은 첫 번째 2001년 사내유보금에 대한 과세를 없애고 난 뒤였고, 두 번째 폭증하기 시작한 것은 이명박 정부가 기업들의 투자를 유도한다며 법인세를 낮춘 2009년부터입니다. 10대 그룹의 사내유보금은 2009년 271조원이던 것이 2016년엔 550조원으로 늘었습니다. 매년 약 40조원씩 증가한 셈입니다. 반면 투자는 연평균 8조원씩 늘어나는 데 그쳤습니다. 이 때문에 법인세를 다시 올리자는 얘기가 나오는 거거든요. 기껏 투자하라고 깎아줬는데, 투자는 안 하고 회사 금고에 쌓아두기만 하니까 말이죠.

법인세 논쟁은 언뜻 보면 이 책의 주제인 '노동', '임금' 이런 것과는 좀 거리가 있는 것 아닌가 하는 생각이 드실 수도 있겠으나 대기업과 중소기업의 임금격차는 법인세 정책과도 매우 밀접하게 연관돼 있습니다. 정말 뚜껑 열리게 만드는 법인세 제도 이야기를 다음 장에서 해볼게요.

정치에 무관심한 대가는
나보다 못한 사람에게 지배당하는 것이다

플라톤이 한 말이라네요. 법인세 얘기 한다더니 갑자기
뜬금없이 웬 정치 얘기냐 싶으시죠?

보통 우리 주변에선 정치에 관심 갖고 있는 사람을
보면 뭔가 세속적이고 때가 많이 묻은 사람, 깨끗하지
못한 사람 뭐 이런 부정적 이미지를 많이 떠올리잖아요.
난 정치에 관심 없어, 허구한 날 쌈박질이나 하고 이쪽
이나 저쪽이나 그놈이 그놈이야, 다 똑같은 도둑놈들이
지 뭐. 난 그런 잡놈들 뭔 짓을 하는지 관심 없어. 학처
럼 고고한 인품을 가진 선비는 무릇 이래야 한다고 우리
들 잠재의식에 깔려 있습니다.

그런데 말이죠. 국가의 법과 제도를 만드는 것은 결국 정치인들이잖아요. 정치인들이 만든 법과 제도 하나하나가 결국 국민 개개인의 생활 하나하나에 직접적인 영향을 미치는 거거든요. 우리가 두 눈 부릅뜨고 우리가 뽑은 정치인들이 어떤 법과 제도를 만드는지 감시하고 견제하지 않는다면 정치인들은 절대 우리를 위한 '포용적인' 법과 제도를 만들려 하지 않습니다. 자신과 이해관계가 있는 소수를 위한, 나머지 절대 다수가 피해를 보는 '착취적인' 법과 제도를 만들기 쉽습니다. 왜냐고요? 아무도 두 눈 부릅뜨고 보고 있지 않기 때문이죠.

사실 한 나라의 세금 정책은 가장 확실한 부의 재분배 방법입니다. 많이 버는 사람들에게 많은 세금을 거둬서 없이 사는 사람들에게 복지 정책을 통해 나눠줌으로서 위아래 격차를 줄인다는 거죠. 현재 우리나라의 법인세율은 22퍼센트입니다. 기업들이 스마트폰을 팔거나 자동차를 팔아서 남긴 이익의 22퍼센트를 세금으로 내라는 겁니다. 원래 25퍼센트였다가 정권이 바뀌면서 22퍼센트로 낮췄는데 이제 다시 올려야 한다, 말아야 한다 말이 많습니다.

뭐 이쪽 얘기 들어보면 법인세를 인상해야 하는 것이

맞는 것 같기도 하고, 저쪽 얘기 들어보면 법인세 올렸다간 기업들 다 망하거나 외국으로 이전할 것 같아서 안될 것 같고… 에이 복잡하네, 그런 건 나랏일 하는 양반들한테 맡겨놓고 우린 관심 끄고 꽃놀이나 가자…. 앞에서 언급했지만 관심 끄고 꽃놀이 가면 그 대가는 반드시 돌아옵니다.

월급쟁이들 연말정산 때 이런 저런 증빙 서류 내면 세금을 돌려받잖아요? 신용카드 많이 썼다고 세금 깎아주고, 기부금 냈다고 깎아주고… 기업들도 마찬가집니다. 이런저런 명목으로 국가가 세금을 많이 깎아줍니다. 법인세율이 22퍼센트긴 하지만 이걸 다 내는 기업은 없거든요. 투자 많이 했다고 깎아주고, 연구개발 많이 했다고 깎아주고, 고용 많이 해도 세금 깎아줍니다. 이런저런 이유로 세금을 공제받고 실제 내는 세금을 실효세율이라고 하는데 2014년 삼성전자와 현대자동차 등 10대 재벌기업들의 실효세율이 12.3퍼센트였습니다. 기업 프렌들리를 내세운 분이 정권을 잡았던 2010년엔 10대 재벌그룹의 실효세율이 11.4퍼센트까지 떨어져 공식 법인세율 22퍼센트의 거의 절반을 기록했던 적도 있습니다.

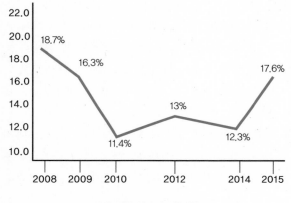

10대 기업 연도별 실효세율

　반면 나머지 전체 기업들이 낸 실효세율은 15.9퍼센트였습니다. 많이 버는 사람이 많은 세금을 내는 건 상식이잖아요? 그렇지만 실제론 삼성전자, 현대자동차 같은 분기당 영업이익이 10조원을 왔다 갔다 하는, 우리나라에서 돈을 가장 많이 버는 기업들이 실제론 인천의 조그만 주물공장보다도 적은 세율을 적용받고 있다는 얘깁니다.

　그럼 재벌 대기업들은 무슨 용빼는 재주가 있기에 이렇게 세액공제를 많이 받은 걸까요? 제가 가장 뚜껑 열렸던 게 '임시투자 세액공제'라는 제도거든요. 말 그대로 투자 많이 하면 세금 깎아준다는 건데, 1982년 처음 이 세액공제가 도입됐습니다.

당시엔 대기업들도 은행에서 돈을 빌려야 할 정도로 기업들의 자금 여력이 충분치 않았습니다. 기업들이 갖고 있는 실탄이 충분해야 공장도 새로 짓고 신기술 개발도 하는 등 투자가 이뤄질 수 있고, 또 이렇게 투자가 활발해야 새로 지은 공장에서 일할 사람도 새로 뽑고 해서 고용도 늘어나는 법이거든요. 정부 입장에선 정부가 공공에 투자하는 것만으론 한계가 있으니 기업들 세금을 깎아줘서 투자를 많이 하게끔 유도한 거죠. 설비 투자한 금액의 6~15퍼센트를 세금에서 깎아주는 제도입니다. 문제는 이게 대기업에 대한 단순 보조금으로 변질된 것 아니냐 하는 점입니다.

2012년 KBS 〈시사기획 창〉이란 프로그램의 '대기업과 조세정의' 편에서 대기업에 대한 비상식적인 세액공제 제도를 취재해 방영한 적이 있습니다. 임시투자 세액공제로 2008년 삼성전자가 공제받은 세금이 무려 5179억원. 당시 전체 기업에 대한 임시투자 세액공제액이 2조 1천억여 원이었으니 삼성전자 단 한 개 기업이 전체 임시투자 세액공제액의 1/4을 받은 것입니다. 당시 중소기업 7500여 개가 받은 임투공제액을 모두 합친 액수가 2800억, 삼성전자 단 한 개 기업이 이들 7500여 개 중소기업보다 1.8배나 더 많은 세액공제를 받았습니다. 당시 삼성은 '주력업종인 반도체와 LCD 사업의 특성상 라인을 신설해야 하고 공정을 자주 업그레이드해야 했기 때문에 조 단위의 설비투자가 필요했고, 그래서 자연스럽게 임시투자 세액공제도 많이 받은 것'이라고 해명했습니다.

국내외를 막론하고 거대 기업, 특히 반도체나 자동차, 기계 제조 같은 장치 산업은 공격적인 투자가 필수적입니다. 벌어들이는 만큼 설비에 새로 투자하지 않으면 도태될 수밖에 없으니까요. 그러기에 대규모 설비투자를 할 수 있는 여력은 몇몇 대기업들로 국한되고, 실제로 당시 삼성전자를 포함한 상위 5개 기업이 받은 임시투자 세액공제 액수가 9531억원으로 전체 공제액의 47퍼센트, 거의 절반을 차지했습니다. 단 5개 기업이 받은 공제액이 말이죠. 국가가 굳이 세금까지 깎아주면서 투자를 독려하지 않아도 대기업들은 전략적 설비 투자를 할 수밖에 없습니다. 그건 기업의 존폐가 걸린 문제니까요.

　정부가 돈이 남아돌아서 대기업에도 세금 혜택 좀 주고 그런다면 누가 뭐라 그러겠습니까? 그렇지도 않은 재정 상태에서 분기당 순이익이 몇 조씩 남는 재벌 대기업들에게 세금까지 깎아주면 그만큼 모자라게 된 세금은 어디선가 더 걷어야 할 거 아니겠어요? 어디서 더 걷겠습니까? 그렇죠, 바로 우리들입니다. 정치에 관심을 갖고 두 눈 부릅뜨고 정치인들을 감시하지 않으면 누군가를 위해 내가 세금 더 내줄 수밖에 없습니다.

　대기업들에 대한 보조금으로 변질된 '임시투자 세액공제'만 한번 살펴볼까요? 앞에 '임시'라는 말이 붙어 있잖아요? 말 그대로 이 제도는 영구적인 것이 아니라 1982년도 이 제도를 처음 시행할 때 1년 동안만 한시적으로 적용하려고 했거든요. 그러나 1년간 한시적으로 적용하겠다던 이 세액공제 제도는 오늘날까지 30년 넘게 이어져 내려오고 있습니다. 왜 그랬을까요? 누군가 이 제도로 혜택을 보는 사람들이 이 제도가 없어지지 않게 계속 관심을 갖고 공을 들였기 때문이죠.

　그러나 국민과 언론이 아주 바보는 아니었기에 2000년대 중반 이 제도가 대기업들만 득을 보게 해주는 좀 문제가 있는 제도니 이제 그만 없애도 되지 않겠나, 하는 얘기가 나오기 시작했습니다. 2009년 정부가 임시투자 세액공제 제도를 없애려 했습니다.

> 임시투자 세액공제는 말 그대로 투자를 장려하기 위해서 임시, 한시적으로 도입된 제도인데 이것이 20년 이상 운용되면서 임시가 아니라 항시투자 세액공제처럼 돼버려서 기업에 대한 일반적인 보조금처럼 운용되고 있습니다.
>
> 윤증현, 당시 기획재정부 장관(2009년 10월)

당시 정부는 IMF 정책협의단까지 이 제도를 폐지할 것을 권고했다고 강조했습니다. 그러나 반발이 거셌습니다. 누가 반발했을지는 당연히 짐작 가시죠? 전경련과 대한상공회의소, 경총 등 재계는 임시투자 세액공제 제도가 폐지될 경우 설비투자가 크게 위축될 것이고, 경기회복이 불투명한 상황에서 한국 경제에 또 다른 먹구름이 어쩌고…. 18대 국회에서 국회 기획재정위원회 소속의 한 국회의원은 당시 재계가 가장 거세게 로비한 사안이 바로 임시투자 세액공제 유지였다고 말했습니다.

대기업의 기획실이나 법제실 같은 데서 국회의 입법 과정에 관심을 많이 갖습니다. 그래서 국회의 입법 동향을 체크하기도 하고 또 사람을 보내서 의원 회관이나 또 보좌진들을 만나서 자기들 대기업의 이익에 관한 법 개정에 관심을 많이 갖거든요. 나한테 이런 정도로 자료를 보내올 때는 진짜 법안 심사 소위원회에 계신 의원들은 집중 마크하겠구나, 하는 느낌을 가졌죠.

정양석, 당시 국회 기획재정위 의원

2009년 없어질 뻔했던 임시투자 세액공제는 결국 국회가 다시 연장시켜주면서 살아납니다. 그러나 그동안 일반 국민들은 몰랐던 이 세액공제 제도에 대한 의문이 언론을 통해 점차 확산되기 시작했고, 대기업과 중소기업 간 양극화 논쟁도 본격화됐습니다.

2011년, 이름을 바꾼 새로운 법안이 국회에 상정됩니다. 앞에 '고용'을 한마디 덧붙였습니다. '고용창출 투자세액공제' 제도. 고용을 유지하면 기존의 투자 세액공제를 계속 해주겠다는 거였습니다. 국회에 이런 내용의

정두언
@doorun

팔로우

대기업에 대한 추가감세 철회가 어렵사리 정리되었으나 임시투자세액공제를 계속 연장하면 감세철회효과를 상쇄시켜 결국 눈가리고 아웅하는 꼴이 됨. 지금 대기업은 이를 위해 맹렬히 로비중이며 기획재정위 일부 의원들이 이에 적극 호응하고 있는 것으로 알려짐.

정두언 의원 트위터, 2011년 11월 2일

'조세특례제한법' 개정안이 상정되고 표결에 들어갔습니다. 악어를 움직이기 위한 악어새들의 로비가 얼마나 치열했겠습니까? 위는 당시 한 국회의원이 자신의 트위터에 올린 글입니다.

> 대기업에서는 '임시투자 세액공제'가 이제 끝나게 돼있는데 그걸 연장하려는 움직임이 나타났어요. 그래서 국회에 대해서 맹렬히 로비를 했어요. 이러면 결국은 대기업만 특혜를 또 받겠구나 해서, 그걸 이제 저지해야겠다는 생각으로 문제를 삼은 거고요.
> 그러자 이번엔 '고용창출투자 세액공제'가 등장했

는데 사실 이것도 대기업에 결국 편중되는 거고, 또 고용을 유지하기만 해도 세금 혜택을 받는 것이기 때문에 이걸 편법으로 사용할 가능성이 많습니다. 결국은 대기업에 여러 가지 세제 혜택을 줬던 이유는 투자를 늘려서 일자리를 창출해라 그거였는데, 결국 대기업은 그것을 세금을 줄이는 수단으로만 자꾸 악용한 거죠. 그래서 결국 사내유보금만 늘어난 것 아닙니까? 이제 더 이상 그런 일은 계속돼서는 안 되죠.

정두언, 전 국회의원

그런데 그 어려운 걸 또 해냅니다. 결국 '고용창출 투자세액공제' 제도는 국회를 통과했고 현재도 시행 중입니다.

대기업에 대한 또 다른 세제혜택으로 'R&D(연구개발) 세액공제' 제도를 꼽습니다. 말 그대로 연구개발 투자 많이 하면 세금 깎아주는 건데, 대기업과 중소기업이 수직으로 종속화돼 있는 우리나라 산업구조에서 R&D에 투자할 수 있는 여력이 있는 중소기업이 몇 개나 되겠습니까? 국세청 분석에 따르면 2006년 이후 10년간 전체 R&D 세액공제 액수가 약 22조원인데, 대기업들이 약 64퍼센트에 해당하는 14조원을 공제받아갔습니다.

2011년 일본의 경제주간지 〈닛케이 비즈니스〉는 특집 기사를 통해 삼성전자가 세계 최강 기업 중 하나로 올라설 수 있었던 원동력 가운데 하나는 '세제를 축으로 한 정부의 강력한 지원 덕분이다. 삼성전자는 지난 10년간 7천억 엔(약 8조원)의 세액공제를 받았고, 이는 샤프의 최첨단 LCD 패널 공장인 가메야마 제2공장을 네 개 짓고도 남는 것이다'라고 지적했습니다. 일종의 정부 보조금 아니냐는 겁니다.

누군가를 위해 깎아준 세금은 반드시 누군가로부터 그만큼 더 거둬들여야 합니다. 두 눈 부릅뜨고 정치에 관심을 갖고, 이 사람이 어떤 사람인지 정확히 알고 투표소에 들어가야만 나를 위한 포용적인 법과 제도가 만들어집니다. 그렇지 않으면 소수의 악어새들만을 위한 착취적인 법과 제도가 살이 돼서 돌아온다는 얘기입니다.

세금 얘기가 좀 길어졌습니다. 왜곡된 세금 구조, 임금 구조를 바꾸는 것도 결국 정치를 통할 수밖에 없으니 국민들이 깨어 있어야 합니다. 다시 한 번 플라톤을 생각합니다.

'정치에 무관심한 대가는 나보다 못한 사람에게 지배 당하는 것이다.'

셋

최저임금– 치킨 집 사장님은 죄가 없어요

왜 최저임금인가?

사실 최저임금엔 그다지 큰 관심이 없었습니다. 이건 맥도날드 알바생들 용돈 벌이지, 일반적인 제가 관심 있는 어른들의 임금하고는 상관없는 것이라고 생각했거든요. 그런데 맥도날드 알바 말고도 정말 많은 사람들이 최저임금으로 살아가고 있더라고요.

2016년 〈시사기획 창〉 프로그램에서 '최저임금, 상생의 해법은?' 편을 제작할 때 안산과 울산, 광주 등 산업공단 지역을 돌아다녔는데, 정말 깜짝 놀랐습니다. 2, 3차 하청업체 노동자들은 백이면 백 최저임금이 기본급이었습니다. 더구나 패스트푸드점 알바처럼 혼자 벌어 혼자 생활하는 것이 아니라 다들 부양가족이 있는 사람들이었습니다. 혹시 우리나라 최저임금이 얼마인지 아시나요? 2017년 현재 시급 6470원, 월급으로 환산하면 135만 2230원입니다. 물론 이것만 받는 건 아닙니다. 이 돈만 받는다면 생활이 당연히 안 되겠죠. 이건 하루 8시간 주 40시간 일했을 때 받는 기본급이고, 여기에 각 직장마다 상여금과 교통비, 식비, 연장 근무 등 각종 수당이 조금씩 추가되긴 합니다.

우리나라 최저임금이 많다, 적다 논란에 대해서는 한 번쯤 들어보셨을 겁니다. 누구는 시급 1만원으로 대폭 올려야 한다. 또 반대로 지금도 치킨 집, 편의점 사장님들 자기가 데리고 있는 알바생보다도 적게 버는 사람 수두룩한데 더 올리면 자영업자들 다 문 닫으라는 얘기냐, 양쪽 얘기가 다 설득력 있어 보입니다. 이 얘기를 해보려 합니다. 그리고 제가 찾은 해법도 제시해보려 합니다.

먼저 당신 의견부터 말해봐, 올려야 해? 말아야 해? 결론부터 말하자면 저는 지금보다 대폭 올려줘야 한다고 생각합니다. 벌써부터 치킨 집, 동네 빵 가게 사장님들 떠올리시는 분들 많이 계실 것 같아요. 저도 처음에 치킨 집이 먼저 떠올랐으니까요. 치킨 집 사장님도 살고 치킨 집 알바생도 살 수 있는 '상생의 해법'은 뒷부분에

2017년 최저임금 시급 6470원

가서 풀어볼게요.

　우리나라 최저임금은 매년 최저임금위원회에서 결정합니다. 전경련과 경총, 중소기업, 자영업자 대표로 구성된 사용자 측 대표 아홉 명, 또 민주노총과 한국노총 등 근로자 측 대표 아홉 명, 그리고 학계와 연구소 등 전문가로 구성된 공익위원 아홉 명 등 27명의 위원들이 합의로 결정합니다. 그런데 합의로 결정되는 해는 거의 없습니다. 사용자 측이든 근로자 측이든 한쪽이 퇴장하고 결국 시간에 쫓겨 공익위원들 의견으로 결정돼 발표되는 것이 일상화돼왔습니다. 당연히 사용자 측은 올리지 말자는 것이고, 근로자 측은 올려야 한다는 주장이죠. 양측 모두 근거가 논리 정연합니다. 먼저 양쪽이 우기는 쟁점이 뭔지부터 볼까요?

중위임금 VS 평균임금

'희~미한 불빛 사이로, 마주치는 그 눈길 피할 수 없어~'

가수 주현미가 부른 〈신사동 그 사람〉이란 이 노래 아
시죠? 몇 년 안 된 것처럼 느껴지는데, 이 노래가 나온 게
벌써 30년이 다 돼갑니다. 뜬금없이 〈신사동 그 사람〉은
왜… 이 노래가 이 히트한 1988년, 우리나라에 처음 최
저임금이 도입됐거든요. 당시 최저임금이 487원이었습
니다. 2000년 이후부턴 평균 10퍼센트 넘게 가파르게
인상돼, 소녀시대의 〈Gee〉가 삼촌 팬들 가슴을 설레게
만들었던 2009년엔 4천원을 돌파했습니다. 그 이후로도
꾸준히 올라 2014년엔 5천원을 넘어서서, 올해는 6470
원까지 올라섰습니다.

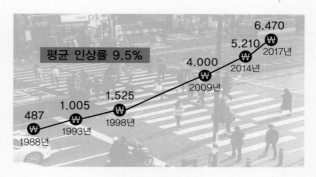

평균 인상률 9.5%

487
1988년

1.005
1993년

1.525
1998년

4.000
2009년

5.210
2014년

6.470
2017년

연도별 최저임금

　최저임금 평균 인상률 9.5퍼센트는 우리나라 일반 근로자들의 평균 임금 인상률 6.5퍼센트(2000년~2015년)에 비하면 많이 오른 건 사실입니다. 'OECD 국가 중 최저임금이 우리나라처럼 많이 오른 나라는 없다, 더 이상 어떻게 더 올려달라는 거냐? 우리 경제의 당면 과제는 임금을 올려주는 것보다 저임금이라도 일자리를 더 많이 만드는 것이 우선이다'라는 것이 사용자, 즉 재계의 주장입니다.

기본적으로 일자리가 많아져야 소득이 늘어난다는 게 저희 입장이고요. 일자리도 부족한 상태에서 소득을 늘리기 위해 임금을 올려준다면 기존에 일자리를 갖고 있는 사람들의 소득만 늘어나는 것이거든요. 그 외에 일자리를 제대로 갖고 있지 않은 사람들의 소득은 늘어날 수가 없는 거죠. 아무리 최저임금을 올리고 임금을 올려줄 필요성이 있다 하더라도. 우선 일자리를 많이 창출하도록 만드는 것이 첫 번째 정책이 되어야 합니다.

또 임금을 부담하는 건 기업인데, 임금 인상을 통해 국민들의 소득을 직접적으로 올려주는 방법도 있겠지만, 국가가 복지정책을 통해서 빈곤층의 문제를 해소하는 것도 분명히 소득을 간접적으로 늘려주는 데 도움이 될 것이다, 이렇게 생각하고 있습니다.

송원근, 전경련 본부장

이에 반해 근로자 측은 '그래, 인상률이 높은 건 사실이다. 그런데 우리나라 최저임금이 워낙 시작할 때부터 절대 액수가 작았기 때문에 인상률이 커보이는 거지 현재의 최저임금, 이 돈 가지고는 혼자 먹고살기도 힘들지 않느냐? 한번 살아봐라'라는 겁니다. 더욱이 최저임금위원회에서 2015년에 조사해봤더니 우리나라에서 최저임금을 받는 근로자는 평균 3.3명의 가족과 함께 살더라는 겁니다. 물론 가족 가운데 소득이 있는 사람도 있겠지만 혼자서 최저임금으로 나머지 식구들을 부양하는 가장도 상당수 실제 존재한다는 얘기죠. 암튼 우리나라 최저임금이 높냐, 낮냐, 또 다른 나라에 비해서는 어떠냐, 이건 양측이 서로 다른 조건을 가져다 유리한 쪽으로만 해석해 비교하고 또 외국과 우리나라의 최저임금 산입범위 등이 달라서 여기서 그 얘긴 안 할랍니다. 솔직히 저도 잘 모르겠더라고요, 이쪽 말 들으면 이쪽이 옳은 것 같고, 저쪽 말도 그럴 듯하고…. 그런데 말이죠, 제가 제3자 입장에서 양쪽을 보니까 최저임금을 보는 관점이 양측이 완전히 다르더라고요.

근로자 측에선 최저임금을 말 그대로 사회생활을 할수 있는 최소한도의 생활임금으로 책정해야 한다는 것이고, 사용자 측에선 회사나 가게를 운영해 나가면서 경영에 영향을 주지 않는 여력의 임금, 그러니까 사장님이 자기 회사 망하지 않는 선에서 얼마나 줄 수 있겠느냐, 이걸 최저임금의 개념으로 생각하더라는 거죠. 또 한 가지 양측의 시각차는 뭘 기준으로 삼아 최저임금을 결정하냐 하는 겁니다.

우리나라 전체 임금을 받는 근로자 수가 1880만 명 정도 되거든요. 사용자 측이 주장하는 최저임금 기준은 이 1880만 명을 월급을 많이 받는 사람부터 순서대로 일렬로 늘어세워보자. 예를 들자면 우리나라에서 월급이 가장 많은 이건희 회장이 '1번'부터 시작해서 월급이 가장 적은 강○○ 씨가 '1880만 번', 이런 식으로 말이죠. 이렇게 일렬로 세워놓고 정확히 중간 즉, 940만 번째 사람이 받는 임금의 50퍼센트를 최저임금으로 정하자는 겁니다. 이른바 '중위임금' 기준으로 정하자는 거죠. 이 경우 현재 책정된 우리나라 최저임금시급 6470원은 중위임금의 49퍼센트로 목표치보다 겨우 1퍼센트 모자라는 수준이니 더 이상 올리지 않아도 된다는 겁니다.

다른 선진국들도 다 이렇게 중위임금을 기준으로 해서 최저임금을 정한다는 게 경영자 측의 논리입니다. 반

전체 1880만 명을 임금 순서대로 나열했을 때
940만 번째 사람의 임금

중위임금 기준, 사용자 측 주장

면에 근로자 측은 중위임금으로 하지 말고 '평균임금'을 기준으로 삼자고 주장합니다. 이건희 회장부터 월급이 가장 적은 강○○ 씨까지 1880만 명의 임금을 다 더한 뒤 전체 평균치를 내서 이 평균임금의 50퍼센트를 최저임금으로 정하자는 거죠. 중위임금이나 평균임금이나 어차피 평균치를 정해 최저임금 기준으로 삼자는 건데 둘이 뭔 차이가 있는 거야? 똑같은 거 아냐? 라고 생각하기 쉽지만 평균임금 기준으로 보면 현재 우리나라 최저임금은 40퍼센트 수준으로 떨어집니다. 중위임금 기준으로 정할 때보다 9퍼센트가 더 낮아지거든요.

전체 1880만 명 임금의 평균

평균임금

40%

평균임금 기준, 근로자 측 주장

아니, 둘 다 어차피 평균값을 내는 건데 왜 차이가 나지? 갸우뚱하시죠? 임금격차가 둘의 차이를 만든 겁니다. 사실 임금격차가 크지 않은 이상적인 사회라면 중위임금이나 평균임금이나 똑같이 나올 겁니다. 소득의 양극화가 심해서 임금격차가 극단적으로 많이 나면 날수록 둘 사이의 차이는 커집니다. 무슨 말인지 모르겠다고요? 좀 더 쉬운 예를 들어 볼게요.

오른쪽 그림처럼 어떤 마을에 열한 명의 월급쟁이가 살고 있다고 한번 가정해 보세요. 많이 버는 사람도 있을 테고, 적게 버는 사람도 있을 겁니다. 열한 명 전체

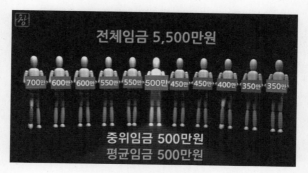

임금격차 작은 마을

월급을 합치면 5500만원입니다. 가장 많이 버는 사람의
월급이 700만원, 가장 적게 버는 열한 번째 사람이 350
만원이라고 한다면, 1등과 꼴등의 임금 격차는 2배. 뭐,
이 정도면 그럭저럭 양호한 편입니다. 이 경우 열한 명
전체 평균임금은 5500만원 나누기 11 하니까 500만원
이 됩니다. 그리고 정 가운데 여섯 번째 사람의 임금, 즉
중위임금도 똑같이 500만원입니다. 중위임금과 평균임
금이 차이가 없는 중산층이 두터운 이상적인 사회죠.

이번엔 다른 마을의 경우를 가정해볼게요. 열한 명
전체 임금의 합은 5500만원으로 똑같지만, 많이 버는 사

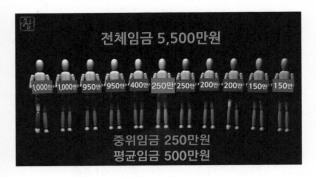

임금 격차 큰 마을

람은 1000만원, 가장 월급이 적은 사람은 150만원으로
여섯 배 이상 차이 납니다. 이 경우 평균임금은 500만원
으로 앞에 마을과 같지만 여섯 번째 사람의 임금인 중위
임금은 250만원으로 뚝 떨어집니다. 양극화의 결과입니
다. 우리나라 같은 경우 예전엔 모르겠으나 요즘엔 임금
격차가 너무 벌어져 있어 선진국처럼 중위임금을 기준
으로 최저임금을 정하면 안 된다는 겁니다.

> 우리나라 노동시장의 가장 큰 특징 중에 하나가
> IMF 이후 비정규직 일자리가 어마어마하게 늘어나

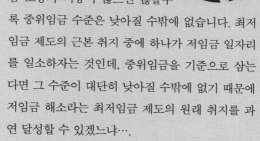

면서 저임금 노동자가 대단히 많다는 점입니다. 전체 노동자 4명 중 1명이 저임금 노동자입니다. 우리나라처럼 저임금 노동자 비중이 많으면 많을수록 중위임금 수준은 낮아질 수밖에 없습니다. 최저임금 제도의 근본 취지 중에 하나가 저임금 일자리를 일소하자는 것인데, 중위임금을 기준으로 삼는다면 그 수준이 대단히 낮아질 수밖에 없기 때문에 저임금 해소라는 최저임금 제도의 원래 취지를 과연 달성할 수 있겠느냐….

이창근, 민주노총 정책실장

양쪽이 내세우는 쟁점을 살펴봤는데 어느 쪽이 맞다고 생각하시나요? 논리로 따지면 아무래도 근로자 측 주장이 좀 더 설득력이 있게 보입니다. 그렇지만 막상 현실을 놓고 봤을 땐 최저임금 하면 머리에 딱 떠오르는 치킨 집, 동네 빵집, 편의점, 이런 영세한 자영업자들이죠. 지금도 어려운데 그렇다고 알바 쓰지 않고 사장님

혼자 치킨 튀기고 배달까지 혼자 다 할 수도 없는 노릇이고…. 여기서 최저임금은 충돌합니다. 실제로 최저임금 위원회에서 사용자 측 대표단이 항상 주장하는 것도 최저임금 더 이상 올리면 자영업 다 망한다는 거거든요. 어떻게 해야 할까요?

을과 을의 싸움

대기업에 다니는 정규직 직장인 중에서 최저임금 받는 사람은 아마 단 한 명도 없을 겁니다. 최저임금을 받는 사람들은 자영업 알바나 2, 3차 영세 하청업체 비정규직 근로자들입니다. 우리 사회 '을 중의 을'이라고 할 수 있겠죠. 그럼 최저임금을 주는 쪽은 어떨까요? 영세한 중소기업 사장님, 치킨 집, 편의점 사장님들입니다. 역시 대기업에 치이고, 높은 임대료, 정글 같은 동네 상권에 치이는, 말이 좋아 사장님이지 최저임금을 주는 쪽 역시 을 중의 을입니다. 최저임금은 주는 쪽이나 받는 쪽이나 모두 최약자 계층입니다. 을과 을의 싸움이죠.

이러다 보니 최저임금 합의라는 것이 애초에 불가능

한 구조입니다. 노동자 중에 가장 약자 층과 사장님들 중에 가장 약자 층, 이 둘보고 너희 둘이 알아서 해결하라고 하니 사생결단이 될 수밖에 없는 거죠. 최저임금위원회에서 5년째 공익위원 간사를 맡고 있는 이장원 위원은 최저임금 문제는 최저임금위원회에서 해결할 수 있는 문제가 아니라고 잘라 말합니다. 왜냐고요? 아래 인터뷰 내용을 보시면 고개가 끄덕여질 겁니다.

지금 최저임금이 거의 유일하게 저임금 근로자들의 생계 문제를 다루는 제도이고 또 우리에게 그나마 뭐라도 해볼 수 있는 굉장히 중요한 정책이긴 합니다만 이것만 가지고서 모든 문제를 해결하려고 하는 건 한마디로 역부족입니다.

중소기업이나 영세 자영업자들이 제대로 수익을 내서 먹고살게 해주고, 또 하청을 받았을 때에 적정한 수준의 인건비를 지불할 수 있게끔 하청 단가를 현실화해주고… 이런 게 먼저 개선된 다음에 최저임금을 얼마로 할 건지 논의를 해야 할 텐데, 뭐 동반성장해야 된다, 원·하청 상생해야 된다… 구호만 요란하지, 이런 쪽은 개선되는 게 없어요. 무조건 최저임금만 올리면 다 좋아지겠지, 이렇게 막연하게 생각하는데, 사실 시장은 그렇게 되어 있는 게 아니고 대기업, 중소기업 간에 딱 양분돼 있거든요. 대기업에서 임금이 인상되는 논리는 노사 간 협상을 통해 결정되는 완전히 다른 논리고, 밑에 영세기업들은 아무리 최저임금 인상률을 우리가 높이 제시한다고 하더라도 그 정도 임금을 지불할 수 있는 능력은 개선이 안 되고 있으니 문제 해결의 앞뒤가 뒤바뀐 상태예요.

이장원, 한국노동연구원 선임연구원, 최저임금위원회 간사

엄밀히 말해서 대기업은 최저임금하고 상관없습니다. 대기업 다니는 정규직 직원 중에 최저임금 받는 사람 없잖아요. 그런데도 최저임금위원회 사용자 측 대표단에 전경련과 경총이 참여하고 있고, 이 단체들은 늘 여러 가지 논리로 최저임금 인상에 앞장서서 반대합니

다. 대기업의 수익구조에 하청 중소기업들의 납품 단가가 중요한 영향을 미치고 있고, 이 납품 단가를 결정하는 중요한 요인으로 인건비가 작용하고 있거든요. 자연히 최저임금위원회에서 이들의 목소리가 커질 수밖에 없죠.

국내 제조업체들의 전체 매출에서 인건비가 차지하는 비중이 작게는 8~9퍼센트에서 많게는 지금 13퍼센트 정도까지 나오고 있습니다. 원자재 같은 경우 해외에서 수입해와야 하는 물품들이 많기 때문에 우리가 마음대로 결정할 수 있는 요인은 아니잖아요. 그러다 보니까 결정하기 쉬운 임금을 조정해서 원가를 낮추고 경쟁력을 유지해가는 그러한 전략들을 그동안 활용해왔기 때문에, 이것이 결과적으로는 중소기업의 저임금, 특히 3, 4차 하청업체로 내려가면 최저임금으로 이어지고 있다고 봅니다.

이항구, 한국 산업연구원 선임연구원

자영업의 경우에도 하루 수백, 수천 개씩 새로 생기고 또 매일 그만큼 망해서 문 닫고 있잖습니까? 알바나 직원들 인건비가 높아서 망한다고 생각하시나요? 진짜 자영업자들의 목을 죄는 것은 따로 있죠. 과도한 건물 임대료, 착취적인 프랜차이즈 계약, 대기업의 무차별적 동네상권 진입 등등… 이런 불합리하고 비상식적인 현실은 그냥 놔둔 상태에서 1년에 한 번 열리는 최저임금위원회에서 올해는 얼마를 올려야 한다, 아니 동결시켜야 한다, 논의를 해봤자 합의가 되겠습니까? 을과 을 양측 모두에게 애초에 합의를 바라는 게 불가능한 일이죠.

그래서 흔히 우리나라 최저임금을 말할 때 '근로자들에게는 매우 불만족스럽고, 동시에 영세 중소기업과 자영업자에게도 큰 부담이 되고 있다'라는 말이 나오는 겁니다. 최저임금을 더 올려주기 힘든 근본적 구조를 먼저 개선하기 전엔 모두가 만족하는 최저임금이 나오기란 불가능합니다.

최저임금위원회를 취재하면서 제가 찾은 해법이 하나 있습니다. 제가 보기에 가능성 있는 방법이고, 쉽지는 않겠으나 그렇다고 의지만 있다면 그렇게 어려운 일도 아니라고 생각합니다. 다음 장에서 그 해법에 대해 같이 생각해보시죠.

'최저임금위원회'를 '임금위원회'로

현재의 최저임금위원회에서 '최저' 자를 떼버리고 '임금위원회'라는 새로운 기구를 대통령 직속으로 만들자. 최저임금위원회 공익위원 측 간사를 맡고 있는 한국노동연구원 이장원 박사의 주장입니다. 최저임금만이 아닌 전체 임금 구조에 대한 강력하고 포괄적인 권한을 줘서 불합리한 부분에 대한 강제적인 조정자 역할을 임금위원회에 맡기자는 겁니다.

우리나라의 '임금위원회'로 개편을 해야 됩니다. 그래서 전체적으로 대기업과 중소기업 간 임금 격차에 있어서 어느 정도 수준이 적정한지 이런 목표

가이드라인을 내놓고, 그래서 대기업의 임금이 올라갈 때 하청기업의 임금도 목표로 설정한 가이드라인 이내로 격차가 줄어들게끔, 함께 올라가도록 간섭을 해야 합니다.

또 그러기 위해선 임금위원회를 통해서 하청 단가나 여기에 밑에 내려가는 임률(시간당 인건비)이 개선이 되고 있는지 이런 것도 모니터링을 해서 개선안도 내놔야 되고, 그러고 나서 이제 최저임금을 결정한다고 한다면 최저임금이 얼마나 올라야 되고, 이게 올라가면 전체적으로 영세기업이나 중소기업이 어느 정도 감당할 수 있는지, 지불 능력은 되는지 조감도가 마련되는 거죠.

이장원, 한국노동연구원 박사, 최저임금위원회 공익위원 간사

대기업과 중소기업 간 임금격차 조정뿐 아니라, 자영업을 위한 프랜차이즈 계약에 불공정한 부분은 없는지, 또 상가 임대료는 적정하게 설정돼 있는지, 또 카드 수수료가 과도하게 높은 건 아닌지 등등 저임금 노동자의 임금에 영향을 줄 수 있는 모든 제도와 정책을 총괄하게 하자는 겁니다. 너무 강한 기구가 돼버리는 것 아니냐, 말이 쉽지 실제로 그게 작동하겠나, 이런 의문이 드실 겁니다.

사용자 측과 근로자 측 양측 모두에게 이 '임금위원회'의 필요성에 대해 어떻게 생각하는지 물어봤습니다. 먼저 최저임금위원회 근로자 측 위원의 말입니다.

국가의 중요한 의제로 아젠다 설정을 하고 임금체계 전반, 그러니까 최저임금뿐 아니라 경영진들의 임금 상한선을 제한하는 최고임금, 그 다음에 세금제도 개선, 임대료 문제, 이런 문제들을 종합적으로 다룰 수 있어야 합니다. 그리고 대통령 직속 기구로서 아주 강력한 권한을 부여하는 게 필수조건이다, 이렇게 보고 있습니다.

이정식, 한국노총 사무처장

사용자 측 위원들도 이에 대해선 이견이 없습니다.

필요하죠. 지금 현재 최저임금 제도로는 저희들에게 근로자들의 소득증대를 통한 경제 살리기의 마중물 역할을 해달라고 일방적으로 강요하고 있는데 자영업자나 소상공인이 무슨 지불 능력이 있어 가지고 마중물 역할을 하겠습니까. 정부가 이런 기구를 통해서 소상공인 사업장에서 지불 능력이 될 수 있도록 정책을 펴줘야지, 그래야 최저임금이 올라가도 그걸 순순히 받아들이지, 그렇지 않은 상황에서는 어려워요. 선제적인 정책을 펴는 게 제일 중요한 것 같아요.

김대준, 최저임금위원회 소상공인 위원

최저임금만으론 해법이 안 됩니다. 여러 가지 정책이 복합된 '정책 조합' 얘기를 많이 하는데요. 대기업과 중소기업의 상생 문제, 원·하청 문제, 또 프랜차이즈 문제들, 그리고 특히 중요한 게 여러 가지 사회 복지 제도들이 있지 않습니까? 이런 부분들 정책과 같이 연동해서 정책의 조합을 통해서 풀어야 될 문제지, 최저임금만 가지고 영세 취약 계층의 소득을 올리고 내수를 진작시키겠다고 하는 것은 정말로 한계가 있다고 봅니다.

김동욱, 한국경영자총협회 본부장

사용자 측이나 근로자 측이나 속으로 생각하는 셈법은 조금씩 다를 수 있겠으나 큰 틀에 있어선 양측 모두 동의하고 있어 의지만 있다면 가능할 수도 있지 않겠나 싶습니다. 제가 너무 쉽게 생각하는 거 아닌가 싶기도 하지만, 제가 보기엔 이거 정말 괜찮아 보입니다. 최저임금 문제만 아니라 한국 경제구조 불평등의 출발점이라 볼 수 있는 임금의 문제를 다루는 강력한 기구, 정말 '혹'하지 않나요?

소득은 얼마나 불평등한가?

저는 오바마의 광팬입니다. 2008년 시카고 광장에서 민주당 대선후보 수락 연설을 할 때 그의 거침없는 자신감과 선동적이기까지 한 '싸나이다운' 목소리, 그때 당시 우리나라의 대통령과 비교해보면서 마냥 부러워했습니다. 오바마가 끝날 때쯤 되니 이번엔 버니 샌더스Bernie Sanders란 연세는 쫌 많지만 생각과 철학만큼은 오바마보다 훨씬 더, 백배는 더 마음에 드는 정치인이 미국 민주당 대통령 후보로 나서더라고요? 또다시 우리 대통령과 비교해보면서 좌절…. 지금도 만약 힐러리 대신 샌더스가 미국 민주당 후보로 나왔다면 트럼프가 대통령 되는 일 따위는 없었을 텐데 하는 아쉬움이 남습니다.

오바마와 샌더스, 두 사람 모두 현재 미국의 문제점을 해결하는 건 한 가지 방법밖에 없다고 생각했습니다. 미국 국민들의 소득을 올려주는 것, 이게 미국 문제 해결의 출발점이라 생각했습니다. 80여 년 전 프랭클린 루스벨트 대통령이 그랬던 것처럼 말이죠. 현재 미국의 연방 최저임금은 시간당 7.25달러(약 8300원), 1년 연봉으로 따지면 15,080달러(약 1730만원) 수준입니다. 미국 물가나 생활수준으로 따지면 굉장히 적은 액수죠. 물론 연방 최저임금이 너무 낮다 보니 많은 주들이 자체적으로 주 최저임금을 따로 정해두고 있긴 합니다. 오바마는 연방 최저임금을 10.10달러(약 11600원)까지 대폭 올리는 이른바 '텐텐법'을 임기 내에 통과시키려 했습니다.

2015년 1월, 미 의회에서 있었던 오바마의 신년 국정연설문, 워낙 유명한 연설이라 많은 분들이 알고 계실 겁니다.

2015년이 열렸습니다. 이제 시간이 됐습니다. 지금 의회에서 여전히 최저임금 인상을 반대하시는 모든 의원분들에게 이 말을 해주고 싶습니다. 만약 여러분이 풀타임으로 일하면서 1년에 만오천 달러

> 임금으로 가족을 부양할 수 있다고 진심으로 믿는
> 다면, 한번 그 돈으로 살아보십시오. 그렇지 않다
> 면 미국에서 성실하게 일하는 수백만 근로자들의
> 임금을 올리는 데 찬성해주시기 바랍니다.
>
> 오바마, 2015년 1월 미 의회 신년국정연설

번역된 글보다 오바마의 육성으로 직접 들어야 그의 진정성과 감동이 느껴지는데, 인터넷에서 찾아서 꼭 한 번 들어보시기 바랍니다. 그러나 오바마의 꿈은 공화당의 반대로 실현되진 못했습니다. 2009년 이후 미국의 연방 최저임금은 단 1센트도 오르지 않았습니다. 오바마나 샌더스가 봤을 때 미국의 불평등, 또는 양극화가 극단적으로 벌어지기 시작한 것은 1980년대부터였습니다. 1930년대 대공황 이후 2차세계대전을 거치면서 미국은 고소득층과 저소득층의 격차가 급격히 줄어드는 이른바 '대압착'의 시대를 맞이합니다. 대공황 이전까지는 미국도 양극화가 극심해서 잘사는 사람들과 못사는 사람들의 격차가 끝이 안 보일 정도로 심했는데 이 격차가 확

2015년 1월 미 의회 신년국정연설 당시 오바마

줄었다고 해서 '대압착 시대'라고 부르는 거거든요. 가뜩이나 땅덩어리도 넓고, 자원도 풍부한데 이놈의 나라는 무슨 복인지 대공황으로 망하는가 싶더니만 대통령까지 잘 만나서 오히려 중산층이 두터운 이상적인 경제구조까지 돼버렸으니 세계 최강국이 될 수밖에요. 어떤 정책을 세웠길래 중산층이 그렇게 두툼해질 수 있었을까? 다른 거 없었어요. 땀 흘려 열심히 일한 사람들에게 그만큼 돈 준 거예요.

제가 원래 도표, 그래프 이런 거 참 안 좋아하는데 오른쪽 도표 한 번만 보시죠. 1970년대 후반까지 기업들의 생산성은 계속 증가했습니다. 장사 잘되니 직원들 임

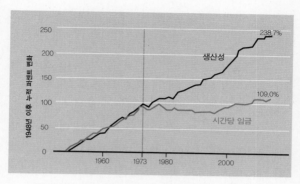

미국의 기업 생산성과 시간당 임금 비교(미국 경제정책연구소)

금도 따라서 많이 올려줬습니다. 둘 다 신난 거죠. 1948
년부터 1973년까지 미국 기업들의 생산성은 96.7퍼센트
증가했고, 이에 비례해서 직원들 임금도 91.3퍼센트 올
랐습니다. 그러나 이후 미국 기업들의 생산성은 별 차이
없이 계속 증가하지만, 직원들 임금은 정체하기 시작합
니다. 1973년부터 2014년까지 기업 생산성은 72.2퍼센
트 증가했지만 임금은 9.2퍼센트 오르는 데 그쳤습니다.

1980년 로널드 레이건이 대통령에 당선되면서 미국
전역에 대놓고 신자유주의 바람이 불어닥쳤습니다. 시
장이 알아서 정책을 결정하게끔 하자, 정부가 왜 나서

느냐, 이른바 작은 정부론이죠. 그 결과 기업은 점점 부자가 됐는데, 그 기업에서 일하는 직원들의 월급은 별로 오르질 않게 됐습니다. 그러니 쓰던 가락은 있고, 월급은 늘어나진 않고 어떻게 되겠어요? 대출이죠. 한 번 맛들인 소비성향은 좀처럼 줄어들지 않는 법이거든요. 쓸 건 많은데 소득은 늘지 않고, 은행에서 대출로 소비를 이어갔습니다. 미국 정부도 저금리와 부동산 대출을 부추기는 정책으로 소비를 유지해나갔습니다. 불안하긴 했겠죠. 그러나 '남들도 다 그런데 뭐, 괜찮겠지. 나만 빚 많은 거 아니잖아' 하는 심리작용이 버블을 키웠습니다. 한때 미국 경제의 경쟁력이 소비라고 했는데, 빚으로 연명해나가는 소비가 영구적일 수야 없는 거 아니겠어요? 더 이상 견디지 못하고 리먼브라더스 사태를 시작으로 버블이 터져버렸고, 금융위기는 지금까지도 계속되고 있습니다. 오바마나 샌더스는 미국이 지금의 경제위기를 벗어나기 위해서는 80여 년 전 루스벨트가 그랬던 것처럼 다시 한 번 미국 일반 근로자들의 소득을 올려주는 것 외에는 방법이 없다고 믿은 것이고요.

뭐 여기까진 미국 얘기니까, 그 나라야 어찌 됐든 세계 최강대국이니 죽이 되든 밥이 되든 망하지야 않을 겁니다. 다시 한국 상황으로 돌아와 보면, 한마디로 미국이 걸어온 길과 '똑같습니다.' 서강대 경제학부 김영익 교수가 1990년도부터 최근까지 기업들의 영업이익이 얼마나 많이 늘었는지와 이에 비해 직원들의 임금은 얼마나 올랐는지를 비교해 봤거든요. 1990년도부터 1997년까지는 연평균 기업 영업이익 증가율이 15.5퍼센트, 근로자들의 임금상승률은 16.2퍼센트로 기업들이 돈 버는 만큼 직원들 임금도 따라 올라갔습니다. 오히려 근로자들 임금이 0.7퍼센트 더 높이 올라갔습니다. 회사가 잘나가는 만큼 직원들도 부자가 됐죠.

그러나 1997년부터 2015년까지를 비교해봤더니 연평균 기업 영업이익 증가율이 8.1퍼센트였던 데 반해 임금상승률은 5.9퍼센트로 기업이 잘나가는 만큼 임금이 따라 올라가질 못했습니다. 1997년은 아시다시피 IMF 관리 체제가 시작된 해입니다. 소득이 늘어나지 않으니 미국 사람들과 마찬가지로 빚으로 생활하기 시작했습니다. '우리만 그런가 뭐, 남들도 다 그러는데 어떻게 되겠지… 금리도 워낙 싸서 부담도 별로 느껴지지 않고….' 2017년 현재 가계부채가 1360조원을 넘어서 또다시 사상최대치를 기록했습니다.

과도한 가계부채가 폭탄이 될 수 있는 이유는 가계만 터뜨리는 게 아니라 기업들도 같이 터뜨리기 때문이거든요. 옆집도, 그리고 뒷집도 우리 집과 마찬가지로 빚이 많은데 어떻게 되겠지, 뭐 나만 그런 거 아닌데 별일이야 있겠어? 근거 없는 위안을 받을 수는 있겠지만, 어쨌든 빚이 많다고 생각되면 일단 소비를 줄여야겠다는 생각은 들 수밖에 없잖아요.

우선 가계는 기업에 노동을 제공하는 근로자죠. 그러면서도 기업이 생산하는 물건을 사주는 수요자거든요. 수요가 있어야지 기업이 생산할 수가 있는 것이죠. 예를 들어서 국민소득이 생기면 예전에는 가계와 기업, 정부가 나눠가졌거든요. 그런데 97년 외환위기 이전에는 국민총소득에서 가계소득이 차지하는 비중이 71퍼센트였어요. 그게 지금은 62퍼센트로 줄어들었죠. 반대로 기업소득은 16퍼센트였던 것이 25퍼센트로 늘어났습니다. 가계는 상대적으로 가난해지고 기업만 부자가 된 거죠. 그러니까 상대적으로 가난해진 가계가 소비할 여력이 없어지니까 기업들이 만든 물건을 사줄 수가 없는 것이죠. 그래서 초과공급 상태가 해소되지 않고 이런 상태로 가면 결국 기업들이 많이 없어질 수밖에 없다는 겁니다.

김영익, 서강대 경제학부 교수

　쓸데는 많고, 사고 싶은 것도 많은데, 임금이 충분히 올라주지는 않고, 그렇다고 언제까지 은행 돈 꿔다 쓸 수도 없는 노릇이고… 결국 소비가 줄어들게 되겠죠. 그렇게 되면 기업들이 스마트폰이든, 자동차든 아무리 열심히 물건을 만들어도 사람들이 돈이 있어야 사주죠. 당장 대출 받은 돈 이자 갚기도 빡빡한데 눈 돌아가는 신차 출시됐다고 지름신이 오겠습니까? 이렇게 기업들이 만든 물건이 팔리지 않으니 결국 기업들이 망한다는 거죠. 내수를 살려서 경제를 살리자는 얘기가 이거거든요. 근로자들의 주머니가 좀 두둑해져야 기업들이 만든 물건을 사게 되고, 그럼 기업들은 물건이 잘 팔리니 수익이 늘어나서 근로자들 임금도 더 올려주고, 이게 선순환 구조인데 근로자들이 돈이 없으니 소비를 줄이고 기업들은 물건이 안 팔려 수익이 줄어드니 근로자들 임금을 더 깎게 되고….

음, 이게 우리 현실에 와닿는 예가 될지는 모르겠지만 미국 자동차 회사 얘기 한번 해볼게요. 미국의 포드 자동차 아시죠? 포드자동차가 1908년 그 유명한 'T모델' 차를 개발하면서 미국에서 본격적인 자동차 시대가 열리게 됐습니다. 그런데 처음부터 포드 자동차가 많이 팔린 건 아니었어요. 짐작하시겠지만 당시 자동차는 아주 부유층들이나 살 수 있을 정도로 비싼 사치품이었으니까 말이죠. 이른바 '포디즘'이라 불리는 컨베이어 벨트 생산라인을 도입해 대량 생산 체제를 갖추면서 가격을 그래도 많이 낮추긴 했지만 여전히 보통사람들에겐 그림의 떡이었죠. 당시 T모델의 가격이 850달러였는데, 자동차 업계 근로자들의 평균 임금이 일당 2.3달러였습니다. 포드사 공장에서 일하는 직원들이라 할지라도 월급을 한 푼도 쓰지 않고 15개월을 꼬박 모아야 자신들이 만드는 T모델 차를 살 수 있었죠.

포드의 창업자가 헨리 포드란 사람이거든요. 헨리 포드는 돈을 많이 벌고 싶었습니다. 그래서 생각해낸 방법이 '그래, 내가 많은 돈을 벌려면 직원들 임금을 더 깎아

포드 T모델, 1908년 출시

서 수익을 더 높여야겠다'가 아니고 '포드 자동차 직원
들 임금을 올려줘서 우선 직원들부터 자신들이 만드는
자동차를 살 수 있게끔 해줘야겠다'였습니다.

1914년 1월 5일, 헨리 포드는 통 크게 포드 자동차
공장의 근로자 임금을 시간당 5달러로 올립니다. 그 당
시 미국 내 다른 기업들보다 두 배 이상 높은 임금을 주
겠다고 하니 당장 주주들이 난리가 났습니다. 미치광이
사장 때문에 포드사가 곧 망할 것이라고 아우성쳤고, 당
시 〈뉴욕타임스〉 경제부장도 헨리 포드가 미쳤다고 평

가했습니다. 결과부터 말하자면 미국의 자동차 산업은 이때부터 활짝 꽃피기 시작한 거죠. 미국 내 다른 어떤 기업보다 임금이 높으니 숙련된 기술자들이 포드사로 몰려들기 시작했고, 다른 공장들도 인력을 뺏기지 않기 위해서 임금을 올려줄 수밖에 없는 상태가 됐습니다.

주머니가 불룩해진 노동자들은 '이제 나도 차 한 대 뽑을까?' 이런 과거엔 생각지도 못할 소비를 생각하게 됐고, 포드의 T모델은 불티나게 팔리기 시작한 거죠. 임금을 두 배 넘게 올려준 1914년 그해, 포드사의 순이익은 3천만 달러에서 6천만 달러로 두 배 늘어났으니 헨리 포드의 앞을 내다보는 인사이트(통찰력)는 정말 탁월했던 것 같습니다. 이때부터 헨리 포드의 이름 앞에는 '자동차 왕'이란 수식어가 붙기 시작했습니다. 물론 헨리 포드는 자선 사업가도 아니고 '착한 사장님'은 더욱이 아니었어요. 탁월한 경영자였을 뿐입니다. 자동차라는 고가의 새로운 상품을 팔기 위해 소비 주체인 노동자들의 주머니를 두둑하게 만들어주면 결국 노동자들이 자동차를 사게 될 것이란, 어찌 보면 당연하지만 실행하기 참 힘든 결정을 내린 진짜 경영자였던 거죠.

4차 산업혁명, 그리고 기본소득

전 세계적으로 '기본소득'이 화두입니다. 국민 모두에게 일정 금액의 돈을, 예를 들어 매달 50만원씩 그냥 아무 조건 없이 주자는 거죠. 뭐, 우리나라 4500만 국민 모두에게 50만원씩 주는 것이 너무 부담된다고 생각되면 일정 계층, 예를 들어 취업 연령기인 25살에서 35살 연령의 청년들에게만 국한해서 매달 50만원씩 국가가 지급하자, 뭐 이게 기본소득의 개념입니다. 아니, 그럼 누가 힘들게 취업해서 일하려고 하겠어? 그냥 앉아서 놀고먹어도 국가가 돈 준다는데? 나라 말아먹을 소리 하고 앉았네. 당장 머릿속에 이런 생각부터 떠오르실 겁니다. 뭐 그런 생각 드는 거 당연합니다. 그런데 말이죠, 왜 기본소득 얘기가 자꾸 나오는 걸까요? 또 핀란드 등 유럽 일부 나라에선 시험적이긴 하지만 기본소득을 실제 지급하기까지 하고 말이죠. 다 같이 나라 말아먹으려고 작정한 것도 아닐 텐데 말이죠. 저는 우리나라도 곧 모든 국민들에게 기본소득을 제공할 수밖에 없지 않겠나 생각합니다. 세상이 바뀌고 있거든요. 특히 산업 구조가 혁명적으로 바뀌고 있어 기본소득 외에는 달리 뾰족한 방법이 없지 않나 하는 생각입니다.

뭔 나라 말아먹을 소리냐고요? 일단 일자리가 지금도 심각하지만 앞으론 더 줄어들 수밖에 없습니다. 그것도 급격하게 줄어들 것 같거든요. 4차 산업혁명이란 얘기 많이 들으셨죠? 뭐 사방에서 4차 산업혁명 시대가 온다고 하도 떠들어대서 잘은 모르겠지만 뭔가 근사한 새로운 세상이 열리긴 하려나 본데, 뭐 알파고, 인공지능, 무인자동차 이런 것들인가? 앞으론 로봇이 내 말 한마디면 척척 알아서 해주는 그런 세상이 오는 건가?

4차 산업혁명의 핵심은 바로 데이터거든요. 우리가 지금까지 막연하게 알고 느껴왔던 그런 허술한(?) 데이터가 아닌 전 세계 거의 모든 사람들의 실생활 데이터 말이죠. 요즘 '빅데이터'라는 말도 많이 나오는데 이 정도 수준의 빅이 아니라 산업구조를 완전히 바꿔놓을 빅 빅빅! 데이터라는 얘기죠. 그래서 이런 일반 사람들의 실제 데이터를 가지고 있느냐, 없느냐에 따라서 그 기업이 살아남을 수 있을지 없을지도 결정된다는 거거든요. 4차 산업혁명이 시작되면 아마도 이름만 들어도 알 수 있는 유명한 대기업들 가운데 상당수가 문 닫을 겁니다. 에이 설마… 삼성전자가, BMW가 망하겠어? 망할 수 있습니다.

앞에 포드 자동차 얘기가 나왔으니 이번에도 자동차부터 시작해볼까요? 휘발유나 디젤차가 사라지고 앞으론 전기자동차가 대세일 거라 합니다. 그리고 한발 더 나아가 거의 모든 자동차 회사들이 무인자동차 개발에 나서고 있습니다. 그런데 말이죠, BMW나 현대 같은 자동차 회사들만 무인차를 개발하고 있는 게 아니거든요. 구글이 무인차 만들고 있는 건 아시죠? 애플도 '타이탄 프로젝트'라는 이름으로 무인차를 개발 중입니다. 곧 프로토타입(시제품) 모델을 발표할 거라는데, 소문으로는 애플의 창의성과 혁신이 응축됐다고 하니 벌써부터 몹시 궁금해집니다.

아니, 현대차나 BMW가 무인차 만든다는 건 이해하

구글이 개발 중인 무인차

겠는데, 애들이 왜? 지들이 자동차에 대해 뭘 안다고? 그리고 구글이 아무리 IT, 인터넷 쪽에선 날고 긴다 하지만, 구글이 시제품이라고 발표한 무인차 사진 한번 보세요. 아무리 시제품이라 해도 그렇지, 짜장면 배달에나 쓸 것처럼 보이는 저런 차를 누가 사겠어요? 암만 잘 만들더라도 난 BMW가 만든 무인차 사겠네!

그런데 말이죠. 구글이, 애플이 자동차 자체를 만들겠다는 거 아니거든요. 자동차 자체야 당연히 구글이나 애플보다 현대자동차가 훨씬 더 잘 만들겠죠. 구글이나 애플이 봤을 때 앞으로 자동차는 움직이는 스마트폰이라는 거거든요. 자동차야말로 궁극의 모바일 기기라는 겁니다. 그래서 무인차를 구동시키는 운영체제를 만들겠다는 거죠. 물론 카메라가 도로 위 차선이나 사람을 보고 스스로 운전하는 테크닉은 현대차나 BMW, 아니면 삼성전자가 구글보다 더 잘할 수도 있을 거예요. 그렇지만 구글이나 애플은 데이터를 갖고 있거든요. 그냥 데이터가 아니라 전 세계 안드로이드와 아이폰 사용자들이 제공해주는 실제 우리들의 생활 데이터 말이죠. 예를 들어 충남 홍성에 사는 최모 씨가 1년 전 몇 월, 며칠, 몇 시에 어느 식당에 어떤 길로 차를 몰고 갔었는지, 또 최 씨가 그날 아침 구글로 뭘 검색했었는지, 평상시 최 씨가 자주 검색한 음식점은 뭐고 인터넷 쇼핑으로 언제 뭘 샀는지, 최 씨뿐 아니라 그 옆집에 사는 김 씨의 데이터도, 김 씨 부인과 자녀들의 생활 데이터도 구글과 애플은 모두 알고 있거든요. 페이스북과 아마존도 마찬가지고요.

더구나 전 세계 사람들, 정확히 말하자면 잠재적인 소비자들의 실제 생활 데이터를 구글과 애플, 페이스북과 아마존이 일일이 품을 들여 수집하는 것이 아니라 전 세계 사람들이 그냥 알아서 제공해주고 있거든요. 스마트폰 안 쓰는 사람 없고 인터넷 안 쓰는 사람도 없잖아요. 쓸 때마다 사람들의 사용패턴이 이 네 개 회사에 기록되고 있고, 이들은 이제 전 세계에서 자기들만 갖고 있는 이 데이터들이 돈이 된다는 것을 깨닫기 시작한 거죠. 그리고 전 세계 소비자들의 실제 데이터를 활용하면 IT나 인터넷뿐 아니라 자동차, 항공, 기계, 가전, 의료, 금융 등 거의 모든 산업을 석권할 수도 있겠구나, 이런 용꿈을 꾸게 된 겁니다.

생각해보세요. 같은 무인차라 할지라도 운전자의 스마트폰에 남아 있는 위치 기록을 보고 이 사람은 매년 이맘때쯤이면 이 레스토랑에 갔는데, 그 레스토랑에서 오늘 특별 이벤트가 몇 시에 있으니 여기 가자고 말하는 무인차와 그냥 시키는 대로 길만 잘 찾아가는 차, 또 같은 장소를 가더라도 그날 내 기분과 스케줄을 판단해 어떤 날은 지름길로, 어떤 날은 경치 좋은 드라이브 코스로 찾아가주는 무인차와 그냥 무조건 빠른 길로만 가는 차, 어떤 걸 사시겠어요? 더구나 가는 길에 내가 꼭 사고 싶어서 구글에서 맨날 검색해보던 목공용 기계를 파는 곳이 있다면서 그곳을 알아서 들러준다면 말이죠.

내 마음과 생각이 어떨지를 아는 자동차와 그렇지 않은 차. 이건 뭐 감동의 문제 아니겠어요? 구글과 애플이 이런 무인차를 만들겠다는 거거든요. 아니 차를 만들겠다는 게 아니고 차체는 현대나 BMW가 더 잘 만드니 너희들이 만들어 납품하고 우리는 무인차의 두뇌에 해당하는 운영체제를 만들어 싣겠다. 자동차 자체의 퍼포먼스나 디자인은 BMW가 뛰어날 수 있습니다. 그러나 이런 면에선 좀 떨어지더라도 만약 구글이나 애플의 운영체제를 탑재한 현대차가 내 마음과 생각을 읽을 줄 안다면 저는 아마도 현대차를 살 것 같아요.

자동차뿐만이 아닙니다. 구글Google과 애플Apple, 페이스북Facebook, 아마존Amazon의 앞 글자를 따서 'GAFA'라고 불리는 미국의 이 네 개 기업이 자신들만이 갖고 있는, 그리고 지금도 전 세계 소비자들이 알아서 갖다 바치고 있는 생활 데이터들을 무기로 4차 산업혁명을 주도하고 있습니다. 전 세계 고전적인 제조기업 명가들에게 자신들의 하청구조로 들어오라고 손짓하고 있거든요. BMW가 차는 잘 만들지만 데이터가 없거든요. 퍼포먼스 좋고 잘 나가는 차만 만든다고 그 차가 잘 팔리던 시대는 지나가고 있다는 얘깁니다.

〈타임〉지 2013년 9월호 표지

'Can Google solve Death?' 2013년 9월호 〈타임〉
지 표지의 타이틀입니다. 직역하면 '구글이 죽음의 문제
를 해결할 수 있을까?' 좀 더 알아듣기 쉽게 번역하자면
'구글이 불로장생의 길을 터줄까?'입니다. 의학, 제약 산
업을 제조업이라 말할 수 있을지 모르겠지만 부가가치
가 다른 어떤 산업보다 월등히 높은 산업이잖아요? 내
가 죽을병에 걸렸는데 전 재산을 털어서라도 고치고 싶
은 건 당연한 거 아니겠습니까? IT 기업인 구글이 제약,
특히 유전자 치료에 관련된 스타트업 기업들을 엄청난
거금을 주면서 인수합병하고 있거든요. 왜 그러겠어요?
자신들의 독점적인 점유력을 활용하면 전 세계 사람들

의 개인별 유전자 데이터를 확보할 수 있을 것 같거든요. 더구나 큰돈이 될 것 같기도 하고요. 결국 의학, 제약 산업도 4차 산업혁명 시대엔 소비자인 환자들의 유전자 데이터를 누가 많이 확보하고 있느냐로 결정될 것이란 얘기죠. 몇 해 전 안젤리나 졸리가 자신의 유전자 데이터 검사 결과 미래에 유방암에 걸릴 가능성이 있다는 진단을 받고 절제술을 받았잖아요. 이게 새로운 의료 산업, 그것도 큰돈이 될 거라 보는 거거든요.

데이터가 얼마나 중요하고 유용한지 한 가지 더 예를 들어볼게요. 얘기가 임금과 노동 문제에서 살짝 삼천포로 빠지는 것처럼 보이지만, 곧 왜 이 얘기를 이렇게 길게 하는지 알게 되실 거고, 일단 재미있는 얘기니까 한 번 들어보세요. 어떤 인터넷 사이트에 가입하려고 하면 예전엔 그냥 아이디 만들고 비밀번호 넣으면 끝이었잖아요? 그런데 몇 년 전부터 부정 가입 방지한다고 이상하게 꼬인 글자나 숫자를 보고 입력하라고 그러잖아요. 어떤 경우엔 정말 알아보기 힘들어서 몇 번씩 다시 입력하고 그런 경험 있으실 거예요. 원래 취지는 진짜 사람이 가입하고 있는 건지 아니면 흔히 '봇'이라 부르는 자동 가입 시스템이 가입하려는 건지 구별해 진짜 사람만

* 접속 코드

아래의 CAPTCHA 텍스트를 입력하십시오.

리캡차의 예

가입시키기 위해 만든 거거든요. '리캡차Recaptcha'라
고 부른다는데 구글이 이걸 무인차 개발에 쓴다는 거예
요. 구글과 연관된 사이트에선 이 리캡차가 도로의 실제
번호판, 도로표지판 등을 보여주면서 무슨 글자, 무슨
숫자인지 입력하라고 하거든요.

　실제 도로에서 앞 차의 번호판이나 도로 이정표 등이
모두 한눈에 알아보기 쉽게 정자로 똑바로 쓰여 있는 건
아니거든요. 번호판 한쪽이 찌부러져 있을 수도 있고,
휘어져 있을 수도 있고, 어떤 도로표지판은 풍파에 시달
려 글자나 숫자 일부가 희미하게 지워져 있을 수도 있
잖아요. 사람은 보통 이런 경우에도 대충 정확하게 인식
합니다. 그게 기계엔 없는 '직관'이라는 거거든요. 그런
데 무인차의 카메라 눈엔 이런 사람의 직관이 없잖아요.

정자로 똑바로 쓰인 글자나 숫자만 인식할 수 있거든요. 그래서 구글은 자신들만의 강점을 무인차 개발에 활용하기로 했어요. 전 세계 구글 사용자들을 대상으로 휘어지거나 희미해진 숫자나 글자를 사람들이 어떻게 읽는지 로그인 하는 과정에 리캡차를 이용해서 자신들의 무인차에 학습시키는 겁니다. 일일이 사람들 만나서 이거 무슨 숫자로 보여요? 이건 무슨 글자로 보이나요? 물어볼 수 없잖아요. 한두 명도 아니고… 전 세계 수억, 수십억 명이 어떤 숫자나 글자로 보는지를 공짜로 확인하는 거죠.

이런 건 현대나 BMW, 삼성전자는 하고 싶어도 할 수 없잖아요? 이렇게 전 세계 수십억 명의 사람들이 보는 데이터를 기반으로 만드는 무인차를 다른 어떤 기업이 따라갈 수가 있겠어요. 그래서 4차 산업혁명 시대엔 데이터를 갖고 있지 않은 기업은 데이터를 갖고 있는 기업의 하청생산 역할밖에는 할 수가 없다는 겁니다. 인터넷과 IT가 전공이었던 'GAFA'가 아무 연관성도 없을 것처럼 보이는 자동차, 의료, 금융, 항공, 유전자, 로봇 기업들을 M&A하는 것도 자신들이 갖고 있는 데이터를 앞으로 모든 제조업에 접목시키겠다는 거거든요.

제조업이 붕괴된 미국이 자신감을 갖는 이유도 IT 시대에 이어 GAFA가 주도할 DT(Data Technology) 시대가 열리고 있기 때문이고요. 솔직히 저는 GAFA로 일컬어지는 미국의 데이터 기업들이 좀 무섭습니다. 전 세계 모든 사람들의 생활을 다 들여다보고 있는데 그걸 바람직한 쪽으로만 쓸까? 언제까지?

자, 그럼 다시 삼천포에서 빠져나와서 원래 얘기로 돌아갈랍니다. GAFA, 이 네 기업의 자산가치가 1852조원에 달합니다. 한국의 국민총생산(GDP)가 1500조원 조금 안 되니 딸랑 네 개 기업이 5천만 한국인이 생산하는 가치보다 많다는 겁니다. 문제는 이렇게 경제의 중요한 축을 담당하고 있고, 진공청소기처럼 돈을 벌어들이고 있는데, 고용을 별로 안 한다는 거예요. 아니 정확히 말하면 사람들을 좀 채용해서 일을 시키려 해도 사람 쓸 일이 별로 없다는 거예요. 구글의 직원 수가 2015년 기준으로 6만 명을 조금 넘었거든요, 페이스북은 1만3천 명 정돕니다. 우리나라 현대·기아차 직원 수가 10만 명, 삼성전자는 9만 명 정도 됩니다. 구글이나 애플 같은 기업들은 그나마 미국 정부가 사회에 기여하는 게 너무 없다고 사람 좀 쓰라, 쓰라 해서 반 어거지로 고용을 늘

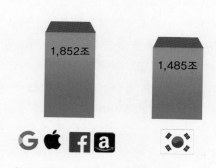

1,852조

1,485조

GAFA의 자산가치와 한국 GDP 비교

린 측면이 있고요.

요즘 새로 막 뜨는 기업들 한번 볼까요? 인스타그램이라는 사진, 동영상 올리는 SNS 회사 있잖아요?(제 딸아이도 거의 인스타그램 중독이지만 저는 이게 왜 인기인지 사실 잘 모르겠어요⋯.) 2010년 케빈 시스트롬과 마이크 크리거라는 두 청년이 만들었다고 해요. 페이스북에 10억 달러, 그러니까 1조원이 넘는 금액에 팔렸는데, 팔릴 당시 직원 수가 고작 열네 명이었답니다. 기본적으로 4차 산업혁명 시대엔 일자리 자체가 그리 많이 필요치 않은 구조로 바뀌고 있거든요. 아니, 암만 인터넷, 스마트폰이 편하다 하더라도 기본적으로 우리가 먹고 입고, 타고, 생활하는 데 필요한 물품들은 여전히 필요할 텐데 인스타그램이 토스트기, 전자렌지 만들어줄 수도 없을 테고, 여전히 기계공장, 철강공장에서 일하는 사람들은 필요한 거 아니야? 이런 일자리는 없어질 수가 없는 거 아냐?

중국의 제철소에서 만들어지는 철만 가지고도 전 세계에서 필요한 철강 전체를 공급할 수 있습니다. 중국의 조선소 용량만으로도 전 세계 선박 수요를 커버하고도 남습니다. 이미 고전적인 제조산업은 과잉생산으로 한계에 다다랐거든요. 따라서 고전적인 제조업 일자리는 부가가치가 갈수록 낮아지기 때문에 일자리의 수도 줄어들 수밖에 없습니다. 부가가치가 높아지는 혁신적인 데이터 기업들은 그리 많은 노동력을 필요로 하지 않고요. 결국 미래 사회는 0.001퍼센트 극소수의 슈퍼리치와 대부분의 실업자들로 사회가 구성될 것이란 비관적인 전망도 있습니다.

이러다 보니 기본소득 얘기가 나오는 거거든요. 미국에선 실리콘밸리의 IT 기업들이 국가 책임의 기본소득

정책의 필요성을 자꾸 꺼내고 있습니다. 일반 국민들이 자신들의 서비스를 소비를 하기 위해 어쨌든 소득이 있어야 하는데 가만히 돌아가는 걸 보니 자기들 때문에 국민들 소득이 줄어들게 생겼잖아요. 그러니 국가가 세금 걷어서 일반 국민들 모두에게 그냥 현금을 주라는 얘깁니다. 뭐 트럼프를 생각하면 어림 반 푼어치도 없는 얘기일 듯하지만서도요. 암튼 이런저런 이유로 기본소득 얘기는 앞으로 끊임없이 나올 것 같습니다. 걱정하시는 대로 공짜 돈 받으면 누가 일하려 하겠느냐, 재원은 무슨 수로 마련하느냐 등등의 문제는 많은 논란이 있어왔고 전문가가 아닌 제가 말할 부분이 아닌 것 같아서 자제하겠습니다.

다만 기본소득 제도를 실시한다면 국민 모두 누구에게나 똑같이 실시돼야 한다는 점만은 말하고 싶네요. 이게 적절한 비유일지 모르겠지만, 왜 2002년 월드컵 때 말이에요. 한국이 4강 올라가서 다들 이게 꿈이냐, 생시냐. 놀랐잖아요? 그런데 더 놀라운 일이 월드컵 끝나고 있었거든요. 당시 월드컵 출전 선수들에 대한 포상금 배분이었어요. 그때 4강에 기여한 주축 선수들 당연히 우리 다 알고 있잖습니까? 박지성, 홍명보, 안정환 등등 당연히 이 선수들이 포상금도 많이 받았을 거라 생각하잖아요? 물론 당시 대한 축구협회도 기여도, 또 경기에 뛴 시간 등을 참고해서 포상금을 차등을 두고 배분하겠다고 한 거예요. 그런데 그때 주장 홍명보를 비롯해서 몇몇 주전선수가 대표 팀 선수 스물세 명이 모두 똑같이 고생했는데 누구는 더 받고 누군 덜 받고 할 수 있겠느냐, 그냥 스물세 명이 똑같이 나눠가졌으면 좋겠다고 말한 거예요. 대한축구협회는 어떤 선수는 단 1분도 뛰지 않고 벤치에만 앉아있었는데 어떻게 똑같이 보상금을 배분하겠느냐, 당시 축구협회 이사장은 공산주의적 발상이라고까지 하면서 반대했거든요. 땀 흘려 뛰지 않더라도 똑같은 보상을 보장받는다면 앞으로 누가 그라운드를 열심히 뛰겠는가? 뭐 이런 논리였어요. 여러분은 어떤 생각이신가요? 당시 여론조사도 실시했는데 국민의 82퍼센트는 '모두 함께' 고생한 스물세 명 전원에게 균등한 배분을 원했습니다.

몇 년 전 서울시장까지 바뀌게 만든 무상급식 문제 있었잖아요? 없는 집 애들만 선별해서 무상으로 급식 지원해주면 되지, 이건희 회장 손자까지 세금으로 무상급식해줘서야 되겠느냐? 이게 대표적인 논란이었습니다. 일견 그럴듯하게 들립니다. 그렇지만 말이죠. 이건희 회장 손자에게도 몇 푼 안 되는 급식비 그냥 받지 말고 다른 애들과 똑같이 무상 지원해주고, 대신 잘사는 할아 버지인 이건희 회장에게 좀 더 많은 세금을 걷어서 무상 급식 재원으로 사용하면 되는 거 아닌가요?

국가가 존재하는 가장 기본적인 책무가 부의 재분배 인데, 가장 효과적이고 직접적인 재분배 수단은 세금이 잖아요. 국가가 존재함으로 인해 많은 수익을 얻은 소수 의 사람들에게서 그만큼 합당한 양의 세금을 걷어 다수 의 없는 사람들을 위해 쓰는 게 가장 효과적인 부의 재 분배 방법입니다. 이 부분에 동의하지 않으시는 분들도 당연히 많이 계실 겁니다. 그렇지만 이런 건강한 논쟁, 생각의 다름이 우리 사회를 건강하고 경쟁력 있게 만든 다고 생각합니다. 앞으로 기본소득에 대해서는 아마도 과거 무상급식이나 무상교육 때보다 훨씬 큰 논쟁이 있 을 것으로 보입니다.

제가 좋아하는 학자 가운데 한 분이 고려대 경영학부 장하성 교수입니다. 일반 국민들의 소득을 올려줘야 경제위기를 극복할 수 있다는 소득주도 성장론을 주장하는 대표적인 경제학자인데, 문재인 정부 초대 정책실장에 임명됐죠. 장하성 교수의 최근 저서 제목이 《왜 분노해야 하는가》입니다. 여러 가지 경제적 불평등과 불합리에 대해 분노해야 세상이 바뀐다는 내용인데, 제목이 너무 맘에 들어 살짝 갖다 썼습니다.

　미국의 'Fight for $15'라는 노동운동 혹시 들어보신 적 있는지요? 미국 연방 최저임금 7.25달러가 너무 낮으니 이걸 시급 15달러로 올리기 위해 싸우자는 구호

미국의 'Fight for $15' 시위

입니다. 2012년 11월 29일, 뉴욕의 패스트푸드 노동자들 파업으로 시작해 이듬해 2013년엔 6개 도시로, 2014년엔 미국 내 190여 개 도시로 확산됐습니다. 현재는 미국 전역의 저임금 노동자들과 시민단체들이 합세하면서 일종의 사회변혁 운동으로 확대됐습니다. 갑자기 두 배 이상 최저임금을 올리자니 너무 목표가 과하다, 무리다, 라는 평가도 있었지만 이들의 '분노'가 결국 해냈습니다. 미국은 연방 최저임금 외에 각 주마다 자체 최저임금 제도를 따로 두고 있다고 했잖아요. 2014년 워싱턴 주 시애틀 시의회가 최저임금을 15달러로 인상하기로

미 연방 최저임금보다
주 최저임금이 높은 주

미 연방 최저임금과
주 최저임금이 같은 주

주 최저임금이 존재하지
않는 주(연방 최저임금 적용)

미 연방 최저임금보다 주 최저임금
이 낮은 주(연방 최저임금 적용)

미국 주별 최저임금(2015년 미국노동부)

의결했고, 뉴욕 주도 2018년까지 그리고 캘리포니아 주
도 2019년까지 15달러로 인상하기로 했습니다. 이 밖에
도 수도인 워싱턴 D.C, 플로리다 등 여러 주와 도시들이
15달러까진 아니어도 연방 최저임금보다 많이 올려주기
로 결정했습니다. 위 그림에서 하늘색으로 칠해진 주가
현재 연방 최저임금보다 주 최저임금을 더 높게 책정한
지역들입니다. 서부와 동부, 북부가 주로 많이 인상했고
보수 성향이 강한 남부 주들은 플로리다를 제외하면 전

멀이네요. 2012년 당시 'Fight for $15' 운동을 주도했던 샨텔 워커 씨를 만났습니다. 뉴욕에서 파파존스라는 피자 집 점원으로 일하고 있습니다.

> 2003년부터 피자집에서 최저임금을 받으면서 일했는데, 2009년 이후엔 임금이 전혀 오르지 않았어요. 처음엔 당연한 거라 생각했는데, 제 동료가 우리 임금의 부당함을 알려줬고, 그때부터 화가 나기 시작하더라고요. 결국 우리들의 분노가 오늘의 결과를 만들어냈다고 생각해요. 솔직히 처음엔 가능하지 않을 거라 생각했는데 결국은 해냈습니다.
>
> 샨텔 워커, 파파존스 직원

2015년 1월 KAIST 미래전략대학원 주최로 '한국인은 어떤 미래를 원하는가'라는 토론회가 열린 적이 있습니다. 여기서 과학기술정책연구원 박성원 박사가 발표한 주제가 화제가 됐습니다. 20~34세 청년층을 대상으로 '바라는 미래상이 무엇이냐' 이렇게 설문조사를 했더니만, '지속적인 경제성장' 이렇게 답한 청년은 23퍼센트였다고 합니다. 그런데 '붕괴, 그리고 새로운 시작'이라는 응답이 42퍼센트 나왔답니다. 다 같이 망하고 새로 시작해 보자는 거죠.

사실 저는 조금도 충격으로 다가오지 않았고, '당연하네, 42퍼센트밖에 안 돼?' 했지만 당시 언론에선 충격이네, 어쩌네 호들갑이었죠. 오죽하면 이런 생각을 하겠어요? 현재의 경제, 사회 구조로는 아무리 노력해도 안 되니 너도 나도 다 같이 망하자, 이런 극단적 생각이 우리 청년들 머릿속을 채우고 있는 한, 우리 사회는 정말 붕괴될 수밖에 없을 겁니다. 그런 생각을 가진 청년들이 그럼 잘못된 거냐? 물론 아니죠. 그런 생각이 들게끔 만든 사회구조가 잘못된 거죠. 그러나 사회구조가 잘못됐다고 생각한다고 해서, 그 생각만으론 절대, 절대 바뀌지 않습니다. 잘못된 사회, 경제, 산업, 교육 구조에 분노해야죠. 그래야 바뀝니다.

지난 겨울의 끝자락, 광장에는 오랜만에 분노한 수많은 시민들로 가득 찼습니다. 그동안 분노의 DNA를 거세당한 줄 알았는데 참으로 반가웠습니다. 그리고 그 분노에서 희망을 발견했습니다. 어느 나라, 어느 민족이나 명운을 뒤바꿀 만한 혁명적 분기점이 한두 번은 있기 마련입니다. 그 혁명적 분기점을 잘 살리느냐, 못 살리느냐에 따라 그 나라, 그 민족의 명운도 함께 따라갑니다. 비근한 예로 유럽 대륙을 휩쓴 흑사병이 당시엔 재앙이었지만 결과적으로 많은 젊은이들이 죽어나가면서 노동 인력이 부족해지게 됐고, 이는 중세 봉건제도를 무너뜨리고 화려한 르네상스 시대를 열어준 혁명적 분기점이 됐습니다. 재앙이라 생각했던 흑사병이 말이죠. 대공황 직후 망하는 줄 알았던 미국이 부자들에 대한 과세와 일반 국민들의 소득을 늘리는 것으로 정책 방향을 잡으면서 오늘날의 번영을 가져온 것도 그 한 예겠고요.

동학혁명, 반민특위… 우리에게도 그간 몇 차례 혁명적 분기점이 있었다고 생각합니다. 살리지 못했습니다. 아마도 이번이 우리에게 주어지는 마지막 혁명적 분기점 아닌가 싶습니다. 분노를 강요할 순 없을 겁니다. 그게 하란다고 해서 되는 건 아닐 테니까요. 지금까지 써내려간 제 생각을 읽으신 많은 분들이 우리 사회의 소득, 임금의 불평등과 합리적이지 못함에 대해 분노했으면 합니다. 분노가 세상을 바꿀 테니까 말이죠. 최소한 우리가 사는 세상은 바꾸지 못하더라도 아들내미, 딸내미가 사는 세상 정도는 바꿔줄 수 있지 않을까요?